GLÜCKSPRINZIP - NEGATIVE GEDANKEN LOSWERDEN

MIT DIESEN 10 UNGEAHNT EFFEKTIVEN METHODEN GRÜBELN STOPPEN UND DEIN QUÄLENDES GEDANKENKARUSSELL ANHALTEN, UM ENDLICH INNERE RUHE UND GELASSENHEIT ZU FINDEN

JOHANNES FREITAG

INHALT

Einleitung   7
Wer bin ich?   14

1. DAS EINMALEINS DER GEDANKEN   25
   Was ist unser Gedächtnis?   25
   Was aber sind nun Gedanken und wo kommen   29
   sie her?
   Haben wir dann überhaupt so etwas wie einen   35
   freien Willen?
   Was bedeutet das nun konkret für uns?   37

2. WIESO DU DEINE GEDANKEN NIEMALS   40
   UNBEAUFSICHTIGT LASSEN SOLLTEST
   Eine realistische Sicht der Dinge einzunehmen,   41
   könne doch nicht falsch sein oder?
   Das ABC der Gefühle   45
   Also, was ist stattdessen zu empfehlen und   52
   warum sehe ich mir hier nur die negativen
   Beispiele an?

3. DIE 6 HÄUFIGSTEN ARTEN NEGATIVEN   58
   DENKENS
   Die Folgen   68
   Glaubenssätze: Den inneren Peiniger sichtbar   70
   machen und eliminieren
   Woher kommen diese Glaubenssätze überhaupt?   72
   Wenn die Masse an negativen Gedanken und   73
   Glaubenssätzen die Kontrolle übernimmt...

4. WOHER KOMMT DER KRITIKER IN UNS?   78
5. DER AUSSTIEG AUS DEM NEGATIVEN   84
   GEDANKENKARUSSELL - 10 EFFEKTIVE
   METHODEN
6. DIE 3 FATALSTEN FEHLER BEI DER   116
   BEKÄMPFUNG VON NEGATIVEN
   GEDANKEN

7. EINE REVOLUTIONÄRE ALTERNATIVE ZU   128
„EINFACH POSITIV DENKEN"
Über das Bauchgefühl zur Lösung   131
Die Härtefälle   135

8. BONUSKAPITEL: WARUM NEGATIVE   138
GEDANKEN GUT SEIN KÖNNEN
3 überraschende Plädoyers zur Verteidigung   139
negativer Gedanken

Schlusswort   143
Über den Autor   147
Literaturverzeichnis   151

EINLEITUNG

Nichts tut ein Mensch so viel und so intensiv wie - denken! Neuere Studien belegen, dass am Tag bis zu 60 000 Gedanken durch unsere Gehirnwindungen schießen. Vor allem in stressigen Zeiten hört das Gedankenkarussell überhaupt nicht mehr auf, sich zu drehen. Bei den allermeisten Menschen geht das mit Katastrophen-Szenarien einher. Sie malen sich permanent und in den buntesten Farben aus, was alles schief laufen und welche furchtbaren Folgen all das haben könnte.

Das ist prinzipiell nicht nur schlecht. Unsere menschliche Natur ist aus gutem Grund darauf getrimmt, bedrohliche Aspekte unserer Umwelt deutlicher und schneller wahrzunehmen. Das hat mit unserer Entwicklung zu tun. Würde man die gesamte menschliche Evolution in 24 Stunden packen, so würden alle Errungenschaften der Neuzeit, die unser Leben sicherer und einfacher machen, in die letzten Sekunden fallen.

Das hat zur Folge, dass wir noch immer unbewusst auf Stress in unserem Umfeld so reagieren, als wäre ein Säbelzahntiger hinter uns her: Mit dem Gefühl, weglaufen zu müssen oder, wenn das nicht geht, mit Angriff. Wenn auch das unmöglich ist, erstarren wir buchstäblich und wissen dann weder ein noch aus. Und das Gedankenkarussell läuft und läuft und läuft - und schickt uns immer tiefer in eine Abwärtsspirale voller negativer Gedanken. Dazu kommen die entsprechenden Gefühle, wie Hoffnungslosigkeit, Zukunftsangst oder auch völlige Antriebslosigkeit.

Wenn dann zum ganz normalen Alltagsstress noch ein Lebensereignis kommt, das einem den Boden unter den Füßen wegreißt, bekommt man ganz schnell das Gefühl, gar nichts mehr unter Kontrolle zu haben.

Mir ging es vor einigen Jahren nicht anders. Ich habe damals meine Frau bei einem Autounfall verloren und bin selbst nur knapp mit dem Leben davongekommen. Ich musste lange kämpfen, um buchstäblich wieder auf die Beine zu kommen. Es war eine schwierige Zeit, auf die ich sehr gerne verzichtet hätte. Und auch wenn es mir heute wieder gut geht, versteife ich mich nicht auf das euphorische „es war im Rückblick das Beste, das mir passieren konnte", das man in so vielen Ratgebern lesen kann.

Dennoch: Ich habe in Folge des Unfalls viel Gutes erfahren. Ich habe meine jetzige Lebensgefährtin während der Reha kennen gelernt. Sie hat mich dazu gebracht, aufzuschreiben, wie es mir geht und meine Gedanken dazu zu reflektieren. All das hat dazu geführt, dass ich heute als Autor arbeiten und damit den schönsten aller Berufe ausüben kann.

Die ersten Reflexionen, die ich mit Mitpatienten teilte, haben mir gezeigt, dass ich mit diesen Erkenntnissen Menschen helfen kann. Das hat vor allem auch mir selbst geholfen, denn mein Leben bekam dadurch einen ganz neuen Sinn: Ich habe inzwischen viele Menschen in Arbeitsgruppen und Workshops bei der Bewältigung ihrer persönlichen Lebenskrisen erfolgreich begleiten dürfen.

In diesem Buch möchte ich mit dir teilen, was ich dabei gelernt habe. Es sind nicht so sehr die Lebensumstände selbst, die uns zu schaffen machen, sondern unsere innere Einstellung dazu. Wenn wir uns die Dinge schlechter reden, als sie sind, fühlen wir uns auch oft schlechter. Umgekehrt gilt das ganz genauso: Wenn wir positiv auf eine Sache zugehen, fühlen wir uns auch besser, haben mehr Energie, bekommen mehr gestemmt - und sind oft auch faktisch gesünder.

Ich spreche hier aus eigener Erfahrung als normaler Mensch aus durchschnittlichen Verhältnissen. Heute arbeite ich zwar als Autor, aber das war nicht immer so. Früher, vor meinem Unfall, war ich Ingenieur und bei einem mittelständischen Unternehmen für die Qualitätssicherung zuständig. Da zählen vor allem Details, Zahlen, Daten und Fakten. Die Vermeidung von Problemen in der Qualität sorgt dafür, dass man überall potenzielle Fehler und Probleme sieht - ich war also alles andere als ein sonniges Gemüt - meine Töchter können ein Lied davon singen.

Wenn mir vor meinem Unfall jemand erklärt hätte, dass was und wie ich denke, tatsächlich einen massiven Einfluss auf meine Gesundheit hat, hätte ich allenfalls müde gelächelt. Gedanken sind nicht messbar, hätte ich gesagt, man kann sie nicht sichtbar machen, man kann sie nicht in ein Prozessdiagramm packen und ihre Auswirkungen auf ein Endergebnis kausal nachvollziehen.

Und dennoch ist es so. Meine eigenen Erfahrungen haben mich das gelehrt. Sowohl die Kraft positiver Gedanken, wie in meinen eigenen Fall, als auch deren Gegenteil: Während meiner Zeit in der Rehaklinik bin ich zahlreichen Menschen begegnet, die es nicht geschafft haben, die traumatischen Ereignisse der Vergangenheit hinter sich zu lassen. Sie tragen diese bis zum heutigen Tag wie einen schweren Rucksack mit sich herum und leben in einer Art permanentem Krisenmodus.

Ich maße mir natürlich nicht an, hier als Psychologe oder Traumatherapeut aufzutreten. Aber ich glaube schon, dass ich mit meiner Sicht auch anderen Menschen Denkanstöße liefern kann. Gerade solchen, denen das Leben wie mir buchstäblich den Boden unter den Füßen weggerissen hat. Ich möchte zeigen, dass es möglich ist, wieder in ein glückliches Leben zurückzukommen. Und dass es dafür tatsächlich nicht viel mehr braucht, als sich aktiv mit seinen Lebensumständen auseinanderzusetzen und offen zu sein für „weichere" Themen - wie zum Beispiel Achtsamkeit und Selbstreflexion. Und ich möchte zeigen, dass dies jedem Einzelnen möglich ist, auch ohne Vorbildung oder den Besuch teurer Seminare. Das Handwerkszeug, das dafür notwendig ist, tragen wir ständig mit uns herum: unser Bewusstsein.

So sind von den rund 60 000 Gedanken, die unser Gehirn tagtäglich produziert, nur 3 Prozent tatsächlich positiv. Das klingt nicht nur schwierig, das ist es auch. Gut, der ganz große Teil dieser Gedanken ist unbewusster und eher neutraler Natur. Dieser dreht sich um Dinge, die wir halb automatisch machen, weil wir es uns irgendwann so angewöhnt haben. Schuhe anziehen und richtig binden. Die Zähne putzen. Die Haare bürsten. Die Kaffeemaschine am Morgen einschalten, wenn wir noch schläfrig durch die Wohnung tapsen. Das ist auch gut so. Denn, wenn wir uns um all das täglich auch noch aktiv Gedanken machen müssten, wären wir permanent erschöpft und zu kaum etwas anderem in der Lage.

Gleichzeitig liegt darin auch eine stille Gefahr. Wir beurteilen unsere Realität - also das, was wir als Wahrheit empfinden - basierend auf Denkstrukturen, die wir uns im Laufe unseres Lebens angeeignet haben. Man könnte sagen: Unsere Gedanken erschaffen unsere Realität. Wenn diese Gedanken aber unbewusst ablaufen, „leiden" wir gelegentlich unter Umständen, die wir als „gegeben" und „unveränderlich" erleben, obwohl wir eigentlich einen großen Spielraum an Optionen hätten.

Damit meine ich jetzt nicht, sich eine schlimme Situation einfach schön zu denken, ganz im Gegenteil. Während ich absolut davon überzeugt bin, dass man tatsächlich jeder Herausforderung etwas Positives abgewinnen kann, besteht das Leben natürlich nicht nur aus Sonnenschein und strahlender Laune. Es gibt Momente im Leben, da muss man einfach durch. Aber wie wir darüber denken beeinflusst sehr wohl, wie es uns damit geht. Wir können einmal tief Luft holen, es hinter uns bringen und dann recht schnell wieder die Sonne genießen - oder es als unfaire, unerträgliche Last empfinden, gegen die wir innerlich mit jeder Faser rebellieren. Und es uns damit unnötig schwerer machen.

Hier spreche ich ganz bewusst nicht von Fragen von Leben und Tod - zum Beispiel eine Krebserkrankung. Das kann man sich nicht „wegdenken". Auch eine schwere Depression oder ein echtes Trauma nach einer furchtbaren Erfahrung lassen sich nicht einfach durch schönere Erinnerungen ersetzen.

Und doch sind gerade Letztere das beste Beispiel, wozu Gedanken in der Lage sind. Depression und Trauma sind keine körperlichen Krankheiten und kein Defekt, unter denen die Betroffenen ein Leben lang leiden müssen. Die neueste Forschung zeigt, dass Ansätze, die ausschließlich auf positivere Denkmuster und mentale Techniken bauen, bessere und dauerhaftere Ergebnisse erzielen als Psychopharmaka.

Die Kraft von Achtsamkeit und positivem Denken ist bereits mehrfach in Langzeitstudien nachgewiesen worden. In jüngster Zeit wurde auch das Gegenstück dazu in zahlreichen Studien wissenschaftlich bewiesen. Negative Gedanken können körperliche Prozesse und auch Krankheitsverläufe negativ beeinflussen, ohne dass es dafür physische (körperliche) Gründe gibt.

Ein besonders spannendes Phänomen ist in diesem Zusammenhang der sogenannte „Placebo- vs. Nocebo-Effekt". In den nächsten Kapiteln werde ich diesen im Detail erörtern, aber so viel sei vorab verraten: Es gibt zahlreiche, durch Studien belegte Beispiele, in denen Teilnehmer einer Medikamentenstudie mit schwersten Krankheitssymptomen in ein Krankenhaus eingeliefert wurden, weil sie glaubten, dass bei ihnen die in den Beipackzetteln genannten Nebenwirkungen besonders stark ausgebrochen wären. Theoretisch hätte das sein können - wenn nicht gerade diese Teilnehmer zu der Kontrollgruppe gehört hätten, die nur wirkstoff-freie Zuckerbonbons erhalten haben. Die genannten Symptome waren so gravierend, dass sogar Lebensgefahr bestand - mit Herzrhythmus-Störungen, Atemnot und Bewusstseinsstörungen. Als die Betroffenen erfuhren, dass sie gar keine wirklichen Medikamente zu sich genommen hatten, verschwanden die bedrohlichen Symptome innerhalb kürzester Zeit.

Überspitzt und sehr vereinfacht formuliert kann man also sagen: Es ist tatsächlich möglich, durch die richtigen Denkmuster „gesund sein" zu lernen. Dazu gibt es eine Reihe von Voraussetzungen, zu denen vor allem der Umgang mit Stress gehört. Darum werde ich in diesem Buch auch auf Achtsamkeitsübungen eingehen, anhand derer sich akuter Stress einfacher bewältigen lässt.

Ich hoffe nun, du freust dich so sehr auf diese kleine Reise in die Welt des positiven Denkens, wie es mir Freude bereitet hat, darüber zu schreiben!

WER BIN ICH?

5 Jahre ist es jetzt her, dass mein Leben komplett neu begann. 5 Jahre, in denen ich mich mehr als einmal gefragt habe: „Warum ich?" 5 Jahre, in denen ich so sehr mit mir und meinem Schicksal gehadert habe, dass ich am liebsten den Stecker gezogen hätte. Ja, wären meine Töchter nicht gewesen, gäbe es mich heute vielleicht nicht mehr.

Natürlich bin ich heute froh, dass alles anders gekommen ist. Leicht war es jedoch nicht. Wenn ich zurückdenke, wundere ich mich gelegentlich, woher ich die Kraft genommen habe, nach diesem schicksalhaften Moment vor fünf Jahren weiterzumachen. Einen Schritt vor den anderen zu setzen. Und am Ende sogar Bücher zu schreiben über diese schwierige Reise.

Aber alles der Reihe nach:

Mein Name ist Johannes, ich bin inzwischen über 50 Jahre alt und Vater zweier erwachsener Töchter. Ich habe früher mit meiner Frau oft gescherzt, dass unsere Familie die fleischgewordene Vorstadtidylle ist. Wir hatten zwei Kinder, ein Häuschen im Grünen mit Garten und ein Auto aus der oberen Mittelklasse.

Wir waren Doppelverdiener und fest integriert im örtlichen Vereinsleben. Mindestens einmal im Monat gingen wir essen bei unserem Lieblingsgasthaus und die Sommer waren geprägt von Gartenfesten mit und bei unseren Freunden.

Genau so hatten wir uns unser Leben immer vorgestellt. Wir waren glücklich miteinander und mit dem, was das Schicksal uns geschenkt hatte. Meinetwegen hätte es gerne so weiter gehen können.

Doch besagtes Schicksal hatte andere Pläne.

Ich werde den Abend nie mehr vergessen. Es war ein sehr schöner Dezembertag gewesen. Einer der seltenen Wintertage mit starkem Frost am Morgen und einem unglaublich blauen Himmel - ohne eine einzige Wolke den ganzen Tag über. Meine Frau war begeistert mit ihrer Kamera losgezogen. Das war ihr neues Hobby - und mir war es recht so. Ich bekam dadurch auch mehr Zeit für mich selbst. Und sie war richtig gut - so gut, dass eine lokale Galerie sogar eine Ausstellung mit ihr organisieren wollte. Ich war mächtig stolz auf sie.

An diesem Nachmittag sagte ich ihr das jedoch nicht, sondern machte ihr eine fürchterliche Szene. Wir waren bei Freunden zu einer Geburtstagsfeier eingeladen. In ihrer Begeisterung über das wunderbare Winterwetter und das herrliche Licht war sie aber viel zu lange draußen im Wald geblieben. Als sie endlich zurückkam, mit roten Wangen von der Kälte und einem glücklichen Strahlen in den Augen, war ich nicht empfänglich für die Schönheit der Natur, die sie mit ihrer Kamera eingefangen hatte.

Ich hasse es generell, zu spät zu kommen. An diesem Abend war es aber doppelt schlimm, denn zu dem Essen war auch einer unserer Vorstände eingeladen - und ich wollte einen guten Eindruck hinterlassen. Nicht, dass ein paar Minuten da wirklich einen Unterschied gemacht hätten.

Ich war den ganzen Tag angespannt gewesen und so ließ ich am Ende meine ganze schlechte Laune an ihr aus. Der verletzte Blick, den sie mir zuwarf, werde ich mein Leben lang nicht mehr vergessen. Ich wetterte, dass es hier schließlich um wirklich Wichtiges ging und dass ihre „stumpfsinnigen" Bilder niemanden interessierten.

Ich wusste in dem Moment, dass ich einen großen Fehler gemacht hatte, für den ich mich angemessen entschuldigen würde. In Gedanken malte ich mir schon die Überraschung aus, mit der ich alles wieder gut machen wollte. Und, dass sie es sicherlich verstehen würde, später.

Ein „später", das es nicht mehr geben würde.

Wir brachen sehr spät auf. So spät, dass ich ziemlich schnell fuhr. Ich bin ein guter Autofahrer und weiß, wann ich etwas „riskieren" kann. Aber ich wusste auch, dass meine Frau eine eher ängstliche Beifahrerin war. Normalerweise nahm ich Rücksicht darauf. Nicht so an diesem Abend. Ich war verärgert. Es war mir fast schon eine Freude, zu sehen, wie sie sich krampfhaft am Türgriff festhielt und immer blasser wurde.

Den Gefallen, etwas zu sagen, tat sie mir nicht. Und ich schwieg ebenfalls, ich wollte nicht als Erster nachgeben. So fuhr ich, finsteren Gedanken nachhängend, zum Haus unserer Freunde. Sie hatten sich etwas außerhalb ein altes Bauernhaus gekauft und in jahrelanger Arbeit renoviert. Die Feier verbrachten meine Frau und ich getrennt. Ich unterhielt mich blendend, stellte aber sicher, ihr nicht über den Weg zu laufen. Umgekehrt war es genauso. Als wir dann spät in der Nacht aufbrachen, herrschte damit noch dieselbe Eiszeit zwischen uns, wie vor der Feier.

Ich bin mir sicher, dass ich nicht zu schnell gefahren bin, und Alkohol war auch nicht im Spiel. Wenn ich fahren muss, trinke ich nie. Der erste Kilometer vom Haus unserer Freunde ging jedoch steil bergab durch ein dichtes Waldstück. Mehr als einmal war ich dort beinahe mit einem Reh kollidiert. Ich wusste also, wie gefährlich die Strecke war. Ich fuhr entsprechend vorsichtig, doch der Wagen, der uns entgegen kam, nicht. Er brach mitten in der Kurve nach links weg und krachte in unser Auto. Ich konnte nicht mehr reagieren - wir flogen buchstäblich von der Fahrbahn. Ich erinnere mich noch, wie ich wie in Zeitlupe den Baumstamm auf uns zufliegen sah. Ich spürte nichts, ich hörte es nur ganz laut scheppern.

Und dann umfing mich Dunkelheit.

Eine Dunkelheit, die mich erst Wochen später wieder aus ihren Fängen entließ - in eine Welt, in der nichts mehr so war wie vorher. Nur ganz langsam erfuhr ich, was geschehen war. Freunde, die kurz nach uns aufgebrochen waren, hatten uns gefunden und die Rettungskräfte verständigt. Die Polizei hatte einige Untersuchungen angestellt, mich dann aber von jeglicher Schuld freigesprochen.

Das war aber auch schon die einzige gute Nachricht.

Kurz nachdem ich aus dem Koma erwacht war, konnte ich mit all den Informationen noch nicht so richtig viel anfangen. Ich spürte, dass es da eine wichtige Frage gab, die ich stellen müsste, aber in meinem Kopf war ein Durcheinander von Bildern, Worten, Gesprächsfetzen - und ganz viel Nebel. Immer wieder schlief ich ein und war dann aufs Neue erstaunt, wo ich denn gelandet war: Zwischen all den piependen und blinkenden Geräten auf der Intensivstation.

In Filmen wacht der schwer verletzte Held immer aus dem tiefsten Koma auf und weiß sofort, wer und wo er ist. Ich brauchte eine halbe Ewigkeit, um mich aus der Halbdämmerung herauszukämpfen, in der ich mich befand.

Und endlich die Frage aller Fragen zu stellen:

„Wie geht es meiner Frau? Wo ist sie?"

Eine Antwort brauchte ich nicht mehr - ich sah die schreckliche Wahrheit in den betretenen Gesichtern der Schwestern, die sich um mich kümmerten.

Ich wollte danach so schnell wie möglich wieder zurück in diesen tröstlichen Schlaf, in dem ich mich die Tage vorher befunden hatte. Und dann bitte nie mehr aufwachen!

Doch das Schicksal tat mir diesen Gefallen nicht. Ich musste mich der schrecklichen Wahrheit stellen: Meine Frau für immer weg, gestorben bei diesem Unfall. Wie ich später erfuhr, war sie auf der Stelle tot gewesen. Schwerer noch als die Trauer darüber, meine große Liebe so plötzlich verloren zu haben, wog das schlechte Gewissen. Wir waren in einem völlig sinnlosen Streit auseinandergerissen worden. Bis heute frage ich mich, ob alles anders gekommen wäre, wenn ich mich nicht wie ein völliger Idiot benommen hätte.

Rational gesehen weiß ich natürlich, dass derlei Gedanken Unsinn sind. Aber damals haben sie mich gefoltert. Tag für Tag, Nacht für Nacht. Dabei habe ich sogar zum Teil ausgeblendet, was mir selbst geschehen war. Auch ich hatte den Unfall ja nicht unbeschadet überstanden, im Gegenteil. Wochenlang lag ich im Krankenhaus und hatte aufgrund einer Wirbelquetschung noch sehr lange mit Lähmungen zu kämpfen. Es waren dunkle Wochen, in denen meine Töchter alleine von meiner Frau und ihrer Mutter Abschied nehmen und die ersten Schritte in ein völlig neues Leben tun mussten. Glücklicherweise leben meine Eltern noch und konnten ihnen nach der Beisetzung meiner Frau etwas zur Seite stehen.

Als ich in diese neue Welt hinein wieder erwachte, traf mich die volle Wucht der Erkenntnis dessen, was wirklich geschehen war.

Ich empfand meine Schmerzen und sonstigen körperlichen Beschwerden zunächst als gerechte Strafe. So konnte ich direkt nach dem Aufwachen meine Beine nicht bewegen. Die Ärzte beruhigten mich zwar und meinten, dass es „nur" eine Quetschung war und ich sehr gute Heilungschancen hatte, aber im ersten Moment flüchtete ich mich selbst in die Rolle des hilflosen Opfers. Ich glaube heute, dass ich dachte, mich so dieser neuen, feindseligen Welt nicht mit all meiner Verantwortung stellen zu müssen.

Das hat natürlich nicht funktioniert. Das Leben ging weiter, meine Töchter waren auch noch da. Und ich konnte nicht ewig im Krankenhaus bleiben. Meine großartigen Töchter waren es auch, die mich zurückholten aus meinem Jammertal des Selbstmitleids und der Hoffnungslosigkeit.

In Filmen kommt an dieser Stelle oft der Punkt, an dem man seine Erleuchtung gefunden hat. An dem ein besonders lieber Mensch einen so inspiriert, dass man danach innerhalb kürzester Zeit fit war für einen Marathon.

Bei mir war es eher profan: Meine beiden sehr willensstarken Töchter haben mir nach allen Regeln der Kunst den Kopf gewaschen. Sie haben mir sehr deutlich gemacht, dass es Zeit würde, daheim wieder nach dem Rechten zu sehen. Sie meinten, mein „Jahresurlaub" wäre endgültig überzogen.

Wörtlich ging das natürlich zunächst nicht. Ich hatte, trotz der positiven Prognose der Ärzte, noch immer Lähmungen in den Beinen. Aber ich musste mich ganz alltäglichen Dingen stellen - Rechnungen waren zu bezahlen. Mein Arbeitgeber wollte irgendwann wissen, wie es weitergehen würde. Bei der älteren Tochter stand das Abitur bevor, das ich auf gar keinen Fall versäumen wollte. Und meine Eltern, auch wenn sie sich nichts anmerken ließen, waren am Ende ihrer Kräfte.

Es war allerhöchste Zeit, mich zusammenzureißen.

Das war leichter gesagt als getan. Ich war bis zu meinem Unfall ein ziemlicher Normalo gewesen. Damit will ich sagen, dass ich weder besonders gläubig, noch Atheist war. Von Yoga und Meditation hatte ich gehört, aber das war etwas für meine Frau und ihre besten Freundinnen. Ich belächelte es nicht, sah es aber auch nie als ein ernsthaftes Thema für mich selbst.

Mit Physiotherapie dagegen konnte ich etwas anfangen. Als meine Töchter mir den Kopf wieder geradegerückt hatten - wofür ich ihnen bis heute dankbar bin – und ein Freund meines Vaters, ein Psychologe, mir zudem ins Gewissen geredet hatte, kümmerte ich mich als Erstes darum, wie ich an meinem körperlichen Zustand so schnell wie möglich etwas ändern konnte.

Ja, auch das bin ich. Zuerst ließ ich im wahrsten Sinne des Wortes wochenlang die Füße schleifen und dann konnte es mir nicht schnell genug gehen. Am liebsten wäre es mir natürlich gewesen, wenn ich gleich vom ersten Moment an deutliche Fortschritte gesehen hätte. Leider war zunächst das Gegenteil der Fall. Und meine so hastig aufgebaute Willenskraft fiel sofort wieder wie ein Kartenhaus in sich zusammen.

Bis ich, angeregt durch meine Physiotherapeutin in der Reha, in eine Gesprächsgruppe kam. In dieser ging es vor allem um die Verarbeitung von Trauer. Ich war die letzten Wochen allen meinen Mitmenschen gegenüber unausstehlich geworden. Ich hatte Therapeuten, Schwestern, meine Eltern und auch meine Töchter vor lauter Frust über meine Situation nur angeschnauzt. Dabei hatten sich alle so viel Mühe gegeben, mir nach meiner Entlassung aus dem Krankenhaus den Neuanfang zu Hause so schön wie möglich zu machen. Ich wollte nicht so ein Ekel sein, aber ich wusste auch nicht, wie ich sonst mit dem Sturm in meinem Inneren klarkommen sollte. Ich war emotional völlig überfordert.

Dass ich heute so leicht darüber schreiben kann, habe ich vor allem meiner Physiotherapeutin - und heutigen Lebensgefährtin zu verdanken. Sie hatte mir zum Abschied aus der Reha ein in Leder gebundenes Buch mit leeren Seiten geschenkt. „Probiere es", hatte sie dazu gesagt, „es hilft wirklich." Und so kam es, dass ich nach einer durchwachten Nacht voller schlimmer Gedanken früh am nächsten Morgen zum ersten Mal in meinem Leben anfing, etwas in ein Tagebuch zu schreiben.

Es sollte nicht der letzte Eintrag bleiben.

Sie hatte von Anfang an verstanden, dass ich in einem Gedankenkarussell gefangen war. Ich wollte meiner Familie nicht zur Last fallen und machte zunächst alles mit mir selbst aus. Meine Mutter hatte ein schwaches Herz und mein Vater würde Ende des Jahres seinen 80. Geburtstag feiern. Meine Töchter sollten das Gefühl haben, dass alles wieder in Ordnung kommen würde und ihre Welt nicht in Gefahr war.

Das war sie auch nicht, rational gesehen. Meine Firma unterstützte mich von Anfang an und ermöglichte mir einen sanften und schrittweisen Wiedereinstieg. Die Lähmungen wurden dank intensiver Therapie auch immer besser. All das waren kleine, aber wichtige Schritte zurück in Richtung Normalität

Und trotzdem war ich unglücklich und hatte mit Depressionen zu kämpfen. Meine Frau fehlte mir, auch im Umgang mit meinen Töchtern. Die Ältere war schon sehr selbstständig, aber meine Jüngste war zum Zeitpunkt des Unfalls gerade einmal 16 Jahre alt. Ich wusste nicht, wie man mit pubertierenden Teenagern umgeht. Bei der älteren Tochter hatte meine Frau ja das Schlimmste abgefangen. Oft fühlte ich mich schlichtweg überfordert. Ich hatte wirklich Angst, dass unsere Familie dabei war, auseinanderzubrechen.

Das war die Phase, in der meine Therapeutin mir vorschlug, doch einmal in meinen alten Tagebüchern zu lesen. Wir waren in Kontakt geblieben, und es hatte sich langsam eine Freundschaft entwickelt, aus der schnell mehr wurde. Trotzdem dauerte es eine ganze Weile, bevor ich ihren Rat befolgte. Mir war nicht klar, wie es mir helfen sollte, und ich wollte auch nicht so recht in die Vergangenheit reisen. Aber dann, wenige Tage vor ihrem nächsten Besuch, setzte ich mich doch hin und schlug das erste Tagebuch auf. Und konnte nicht mehr aufhören, zu lesen.

Es war seltsam. Die Worte klangen wie die eines ganz anderen Menschen. Eines Fremden. Hatte ich wirklich einmal so gedacht? Wenn ja, wann hatte sich das geändert - und wodurch? Und ich verstand, warum sie mich dazu gebracht hatte: Ich erkannte tatsächlich, wie weit ich doch schon gekommen war. Dass nichts „stagnierte", ganz im Gegenteil.

Aber mir fiel noch mehr auf. Da waren Muster, immer wiederkehrende Themen, die mir vorher nicht wirklich bewusst waren. Ich redete mit meiner Therapeutin darüber, und auch mit meinen Töchtern, die mir zusätzlich sehr wertvolles Feedback aus ihrer Außensicht gaben. Diese Muster, Gedankenspiele und auch die Ergebnisse daraus sind es, die du in diesem Buch wiederfinden wirst. So gut strukturiert, hoffe ich, dass sie leicht nachvollziehbar und wirklich anwendbar sind.

Bis aus dieser ersten Erkenntnis tatsächlich ein Buch wurde, verging jedoch noch eine ganze Weile. Zuerst arbeitete ich selbst mit mir und an mir, allerdings mit für mich überraschendem Erfolg. Ich war zufrieden! Mein linkes Bein nahm irgendwann die Arbeit auch wieder auf, was mir zusätzlich Antrieb gab. Ich hatte auf einmal neue Energie und sah voll Zuversicht in die Zukunft.

Das blieb auch meiner Therapeutin nicht verborgen, und so bat sie mich, an einer von ihr initiierten Gesprächsrunde mit traumatisierten Patienten teilzunehmen. Nicht als Dozent oder Lehrer, sondern als Betroffener, der aber schon ein gutes Stück weitergekommen war. Ich zögerte. Das Wort „Trauma" schreckte mich ab. Mit Psychologie wollte ich nicht so recht etwas zu tun haben. Ich war Ingenieur. Für mich mussten Dinge klar messbar sein, damit ich sie glaubte.

Und doch hatte ich ja selbst gespürt, dass es da unterhalb der sichtbaren Ebene etwas gab, das auch mir geholfen hatte. Ich ließ mich also breitschlagen und ging mit klopfendem Herzen mit ihr in diese Runde.

Inzwischen sind wir ein Paar - aber das ist eine Geschichte, die an anderer Stelle erzählt werden soll. Es geht hier nicht um mein privates Happy End, an dem übrigens meine älteste Tochter nicht ganz unbeteiligt war.

Der Impuls zum Buch stammte noch aus der Zeit, als wir nach außen „nur Freunde" waren. Es war im zweiten Jahr unserer Zusammenarbeit, als eine Teilnehmerin im Anschluss an die Runde zu mir kam und meinte:

„Johannes, das musst du alles unbedingt aufschreiben!"

Ich lachte. „Das habe ich ja schon", meinte ich, und wies auf den Stapel Tagebücher, den ich oft dabeihatte.

Doch der Gedanke ließ mich nicht mehr los - die Idee, aus meinen Erfahrungen ein Buch zu schreiben, war geboren. Und einige Weitere sollten folgen.

1

DAS EINMALEINS DER GEDANKEN

„Unser Leben ist das Produkt unserer Gedanken."

— MARCUS AURELIUS

---

*W*enn man über positive und negative Gedanken schreiben möchte, kommt man nicht drum herum, auch einen kleinen Exkurs über das Gedächtnis an sich einzulegen. Keine Sorge, das wird jetzt keine Vorlesung aus dem Biologie-Unterricht, aber auf ein paar Dinge möchte und muss ich schon eingehen.

WAS IST UNSER GEDÄCHTNIS?

Im Volksmund steht das Wort Gedächtnis für die Fähigkeit, sich an Zurückliegendes erinnern zu können.

„Er hat sein Gedächtnis verloren", hört man gelegentlich, wenn es um Menschen geht, die nach einem schweren Unfall wieder aus dem Koma erwachen. Das kann auch passieren, wenn das Gehirn, also das Gebilde innerhalb unseres Schädels, gar nicht verletzt wurde und noch vollständig erhalten ist. Das kann so weit gehen, dass nicht nur die Erinnerungen an Ereignisse ausgelöscht sind, sondern manche Menschen einfachste Dinge wie essen, schlucken oder greifen wieder lernen müssen wie ein kleines Kind.

Was also passiert, wenn uns Erinnerungen plötzlich abhandenkommen? Oder, anders gefragt, wie kommen Erinnerungen überhaupt zustande?

Lange dachten die Gelehrten, dass unser Gedächtnis so ähnlich funktioniert wie eine Foto-Ablage. Dass ein genaues Abbild dessen, was wir erlebt haben, irgendwo in den vielen Windungen unseres Gehirns gespeichert werden. Es ist erst wenige Jahrzehnte her, dass Wissenschaftler davon ausgingen, dass Erinnerungen in Form von Eiweißmolekülen tatsächlich im Gehirn eingelagert werden.

Wie man heute weiß (und auch wissenschaftlich belegen kann), ist das alles sehr viel komplexer. Es ist zwar noch lange nicht alles erforscht, was unser Gehirn tatsächlich macht und vielleicht zusätzlich könnte, wenn wir es denn wollten, aber so viel scheint gesichert: Es besteht aus fast 100 Milliarden Nervenzellen, Neuronen genannt, die in einem riesigen Netz miteinander verbunden sind. Diese Verbindungen sind nicht richtig fest, im Gegenteil. Sie verändern ihre Form ein Leben lang. Und wie man heute weiß, können sie sich jederzeit, auch im hohen Alter, bei entsprechender Beanspruchung neu bilden. Mit Hilfe elektrischer Impulse kommunizieren die einzelnen Zellen über chemische Botenstoffe miteinander. Diese Impulse sind mit modernen Geräten sichtbar zu machen, weshalb die Wissenschaft sich heute in der Frage weitestgehend einig ist.

Man kann sich das Gedächtnis vorstellen wie einen gigantisch großen Setzkasten mit Bereichen für Orte, Formen, Farben, Eigenschaften (wie „gut", „böse", „sexy" und so weiter). Unsere Erinnerungen sind darin abgelegt wie ein riesiges Puzzle, dessen einzelne Teile nach Farben und Formen sortiert wurden. Im Bedarfsfall greift unser Gedächtnis auf diese Fächer zu und baut das Puzzle immer wieder neu zusammen. Dabei werden entstehende Lücken - weil ein Stück dann irgendwann verloren gegangen ist - überspielt und durch plausible Bilder oder Formen ersetzt, die aufgrund unserer Lebenserfahrung Sinn machen würden. Unser Gehirn „erfindet" diese Teile quasi auf Basis anderer relevanter Erfahrungen.

So ist es möglich, sich einen rosa Elefanten mit gelben Punkten und grüner Schleife auf dem Kopf vorzustellen, obwohl die wenigsten von uns einen solchen jemals gesehen haben dürften. Und ich wette, dass du genau jetzt einen solchen Elefanten vor dir siehst - weil wir alle wissen, wie ein Elefant aussieht, was die Farbe Rosa ist, gelbe Punkte kennen wir auch und eine grüne Schleife haben wir auch schon einmal irgendwo gesehen.

Dazu kommt, dass wir nicht nur Bilder, sondern auch Geräusche, Gefühle, Gerüche - und die Bewertung dazu speichern. So löst das Wort „Hund" bei einem Menschen Begeisterung und das Bild eines süßen Welpen aus - und beim nächsten Schweißausbrüche, denn er wurde als Kind vielleicht vom Dackel der Nachbarin gebissen.

Erinnerungen sind zudem „manipulierbar": Sie verblassen nicht einfach durch den Lauf der Zeit, wie ein altes Poster an der Wand, sondern verändern sich zum Teil dramatisch, ohne dass wir uns dessen bewusst sind.

Weißt du noch, wo du warst, als die Twin Towers in New York in sich zusammenfielen? Es war ein derart einschneidendes Erlebnis, dass fast jeder von uns eine ungefähre Vorstellung davon hat, was er oder sie zu dem Zeitpunkt getan hat. Und auch garantiert felsenfest davon überzeugt ist, dass dies der Wahrheit entspricht. In den meisten Fällen ist das nicht mehr überprüfbar. In den meisten, sage ich, denn es gibt tatsächlich eine Langzeitstudie dazu. Diese hat damals, direkt nach dem Attentat, Menschen in New York und anderen Städten der USA befragt, wo sie zu dem Zeitpunkt waren und was genau sie getan haben. Die Interviews wurden gefilmt. Daraufhin wurden die Interviewten gebeten, einen Beleg für die Hauptaktivität an dem Tag abzugeben (wie zum Beispiel das Zugticket aus New York, die Eintrittskarte ins Theater etc.). Zehn Jahre später wurden dieselben Leute wieder befragt - und viele erzählten völlig andere Geschichten. Nicht nur marginal anders. So gab es einen Fall, in dem der Betroffene direkt nach dem Attentat in New York interviewt wurde und das Attentat auch dort erlebt hatte. Zehn Jahre später war er jedoch sicher, bei seiner Mutter in Los Angeles gewesen zu sein. Alle waren überrascht, dass es sich völlig anders zugetragen hat, und sie haben auch keinerlei Erinnerungen mehr an das, was sie in den Interviews erzählt haben. Sie würden es vermutlich auch nicht glauben, wenn sie sich nicht selbst sehen und hören, sowie die Belege für die wirklichen Abläufe des Tages überprüfen könnten.

Nun gibt es sicherlich gute Gründe für derartige Phänomene, die sich tiefenpsychologisch erklären lassen würden. Aber das ist nicht das Ziel dieses Buches. Worum es mir hier geht, ist deutlich zu machen, dass die Schrecken einer „furchtbaren Wirklichkeit", der wir uns manchmal hilflos ausgeliefert fühlen, durch die Kraft unserer Gedanken tatsächlich abgemildert werden können.

Bitte versteht mich nicht falsch: Ich plädiere keineswegs dafür, uns „künstliche" Erinnerungen einzureden, damit es uns besser geht. Aber es ist durchaus möglich, einer schwierigen Situation durch eine leicht veränderte Sichtweise den Schrecken zu nehmen - und dadurch schneller zu einem zufriedenen, ausgeglichenen Seelenleben zurückzukehren. Also dem Bild mit dem Hund von vorhin die begleitende Erfahrung „Schmerz" und „Angst" zu nehmen und durch etwas Schöneres, wie das süße Tapsen eines kleinen Welpen, wenn nicht zu ersetzen, so doch zu ergänzen.

WAS ABER SIND NUN GEDANKEN UND WO KOMMEN SIE HER?

Im Alltagsgebrauch steht „Gedanke" oft synonym für eine „Idee". „Mir kommt da gerade ein Gedanke..." oder „Könntest du dir Gedanken machen zu..." hat jeder von uns schon einmal gehört oder auch selbst gesagt.

Das unterstellt, dass Gedanken irgendwie in unser Bewusstsein geraten und dort von uns beeinflussbar sind („Mach dir Gedanken..."). Sie wirken formbar, denn wir können ja offenbar den Auftrag ausführen und aus einem Hinweis mehr machen. Aus einer Frage eine Antwort, aus einem Problem eine Lösung...

Du merkst schon, ganz so einfach ist das nicht. Und aus Sicht der Neurowissenschaften sieht es noch einmal komplexer aus. Gedanken entstehen nicht nur, wenn wir sie quasi „bestellen", sondern sie werden durch alle möglichen Reize aus unserer Umwelt ausgelöst. Ein Geruch, der uns an etwas erinnert - oder der uns abstößt. Ein visueller Reiz, der unsere Aufmerksamkeit erregt, und sofort Assoziationen im Gehirn auslöst. Der Geschmack einer Speise, die uns an glückliche Zeiten in der Kindheit erinnert und das Bild der lächelnden Großmutter heraufbeschwört. Und Gedanken entstehen sogar, wenn wir schlafen.

Wenn Wissenschaftler das untersuchen und sie mit Hilfe modernster Technologie in unseren Kopf hineinschauen, stellen sich Gedanken als eine Serie von chemischen Reaktionen dar, die in einem engen zeitlichen Rahmen in bestimmten Hirnregionen messbar und sichtbar werden. Auch kausale Zusammenhänge lassen sich so darstellen, denn gleiche Reize sorgen immer wieder für vergleichbare Reaktionsmuster auf den Bildern der Sensoren.

Es ist ein unglaublich faszinierendes Feld, in dem sich derzeit sehr viel tut. Was genau in unseren Köpfen vorgeht - im streng wissenschaftlichen und im übertragenen Sinn - ist noch lange nicht erforscht. Was jedoch als gesichert gilt, ist, dass die Auswirkung der oben genannten chemischen Prozesse - der Kommunikation der Neuronen untereinander - nicht auf das Gehirn beschränkt bleibt.

Wir spüren das selbst, ohne die Details zu kennen: Was wir denken, hat Auswirkungen auf unsere Emotionen - und umgekehrt. Wenn es uns schlecht geht, tendieren wir dazu, in negativen Formen zu denken und eher pessimistisch zu sein. Probiere es einmal aus: Wenn du vor einer Aufgabe sitzt, zu der du so überhaupt keine Lust hast, höre in dich hinein - welche Gedanken schießen dir da durch den Kopf? Wie zuversichtlich bist du, dass du die Aufgabe rechtzeitig oder auch korrekt gelöst bekommst?

Umgekehrt fühlen wir uns gleich besser, wenn wir es schaffen, das Karussell aus Gedanken in unserem Kopf zu stoppen und uns dann auf positivere Aspekte zu fokussieren. Wenn du bei der oben genannten Aufgabe nicht an das Ende denkst („Ich schaffe das nie rechtzeitig" oder „Das ist mir viel zu schwierig, ich weiß nicht ob ich das wirklich hinbekomme"), sondern daran, wie du überhaupt anfangen kannst, wirst du dich sofort besser fühlen.

Dabei steht die Aufgabe an sich noch immer im Raum. Zu dem Thema kommt in späteren Kapiteln noch mehr. Vor allem dazu, wie man die negativen Gedanken auf eine konstruktive Art „umwandeln" kann, damit sie einem nicht mehr im Weg stehen. Einfach ignorieren oder gar wegschieben funktioniert nämlich nicht.

Worum es mir bei diesem Punkt geht: Gedanken haben deutliche Auswirkungen in deinem Körper, die spürbar und messbar sind.

In den letzten 20 Jahren hat sich wissenschaftlich auf diesem Gebiet sehr viel getan und hat für neue Forschungsdisziplinen wie die „Neurokardiologie" gesorgt. Ich bin selbst kein Wissenschaftler und das ganze Thema ist sehr komplex. Vereinfacht gesagt, gibt es Neuronen nicht nur im Gehirn. Neuere Studien haben gezeigt, dass es diese Nervenzellen auch in unseren Herzen gibt, die tatsächlich auf unsere Stimmung reagieren.

Wenn wir verärgert, wütend oder noch stärkere negative Emotionen entwickeln (wie der Schock nach einem besonders schlimmen Erlebnis), führt das tatsächlich zu einem unregelmäßigen Herzschlag - bis hin zu Herzrhythmus-Störungen. Umgekehrt beruhigt sich der Herzschlag sofort und wird sehr regelmäßig, vor allem wenn wir in positiver, versöhnlicher und einer anderen, Menschen zugewandten Stimmung sind.

Das lässt sich simulieren: In klinischen Versuchen haben Probanden Bilder und Filme gezeigt bekommen, in denen aufwühlende und abstoßende Szenen zu sehen waren, was unter anderem zu einem drastischen Anstieg ihrer Pulsfrequenz führte.

Nachdem dieselben Probanden eine Übung machen sollten, in denen sie an Menschen in ihrem Leben dachten, denen sie dankbar sind oder für die sie Liebe und Zuwendung empfanden, beruhigte sich der Herzschlag dagegen sofort wieder.

Heute weiß man, dass das Herz Zellen enthält, die Neurotransmitter (Botenstoffe zwischen den Neuronen) wie zum Beispiel Adrenalin und Dopamin freisetzen. Einst glaubte man, diese würden nur im Gehirn produziert werden. In jüngerer Zeit wurde zudem entdeckt, dass das Herz auch Oxytocin produziert. Oxytocin ist nachweislich an der Wahrnehmung insgesamt, Toleranz, Vertrauen und Freundschaft sowie am Aufbau dauerhafter Beziehungen beteiligt. Was besonders spannend ist: Die Konzentration des im Herzen produzierten Oxytocins ist ähnlich hoch wie die im Gehirn.

Natürlich können wir nicht mit unserem Herzen „denken". Aber es scheint, dass unsere Gedanken Auswirkungen auf den Herzschlag und auf die Ausschüttung von „Wohlfühl"-Hormonen haben. Diese Hormone werden generell mit unserer Fähigkeit in Verbindung gebracht, sinnvolle Beziehungen mit anderen Menschen aufzunehmen und zu unterhalten.

Überspitzt formuliert hatten die Menschen früher recht, wenn sie davon sprachen, dass ein „Herz für andere zu haben" ein wichtiger Teil für ein glückliches Leben ist. Oder, dass Liebeskummer einem buchstäblich „das Herz brechen" kann.

Während die Existenz der Gedanken zumindest wissenschaftlich noch recht einfach darstellbar ist, ist der Gesamtprozess dessen, was beim Denken im Kopf abläuft, eine wirkliche Wissenschaft für sich. Und im strikten Sinne nicht nur eine. Man könnte es wie die alten Römer philosophisch betrachten („Ich denke, also bin ich"), man könnte Hirnströme messen, man könnte psychoanalytisch vorgehen und in der Kindheit erlernte Denkmuster untersuchen, und doch würden sehr viele Fragen offen bleiben.

Sicher scheint nur eines: Der Mensch ist das einzige Lebewesen auf der Erde, das in der Lage ist, wirklich sich selbst zu reflektieren. Wenn das passiert, was wir „Denken" nennen, werden nicht einfach nur Bilder durch unser Bewusstsein geschoben. Es laufen unglaublich komplexe Interaktionen zwischen verschiedenen Nervenzellen ab, die Auswirkungen auf den ganzen Körper haben.

Vieles davon geht auf die früheste Menschheitsgeschichte zurück. Wenn Gefahr drohte, sorgten Stress-Hormone im Körper dafür, dass wir uns entweder mit aller Kraft verteidigen oder so schnell wie möglich weglaufen konnten. Damals war „Gefahr" noch vergleichsweise einfach zu erkennen: Feuer, Hochwasser oder ein wildes Tier, für das unsere Vorfahren nur ein mehr oder weniger schmackhaftes Glied in der Nahrungskette waren. Hatten unsere Vorfahren die Gefahr erkannt, sorgten die Stresshormone dafür, dass sie hellwach waren und ihnen alle Kraft und Energie für die Muskeln zur Verfügung stand. Dafür wurden weniger wichtige Körperfunktionen heruntergefahren. Das gilt bis heute. Wenn wir richtig Stress empfinden, haben wir keinen Hunger, leiden oft an Schlafstörungen und Verdauungsbeschwerden.

Die heutige Welt ist viel komplizierter und die wenigsten von uns laufen Gefahr, im Hochwasser zu ertrinken, in eine Feuersbrunst zu geraten oder vor einem hungrigen Säbelzahntiger weglaufen zu müssen. Der Stress, den wir verspüren, hat zumeist „unsichtbare" Ursachen wie Termine, Prüfungen oder Geldsorgen. Für den Körper ist das kein Unterschied. Er schüttet dieselben Stresshormone aus wie vor vielen tausend Jahren. Mit dem gleichen Effekt auf unseren Körper.

Dahinter stecken - genau, Denkprozesse. Denn der Termin an sich, oder die anstehende Prüfung oder auch die Rechnung, die überfällig ist, sind ja nicht per se gefährlich. Sie können uns nicht fressen, verbrennen oder ertränken. Sie können uns noch nicht einmal einen blauen Fleck verpassen. Aber unsere Gedanken dazu machen sie für unser Nervensystem zu einer ähnlich großen Gefahr. Wir reagieren wie unsere Vorfahren und würden am liebsten weglaufen (oder die Rechnung zerreißen). Da man aber vor solchen Themen weder weglaufen noch diese attackieren kann, folgt der dritte automatische Reflex aus der Steinzeit: Totstellen. Das passiert in Form von Aufschieberitis, auch Prokrastination genannt, was den ursprünglichen Stress am Ende nur noch weiter verstärkt.

All das passiert, ohne dass wir es direkt „merken" oder bewusst daran denken. Wir merken nur, dass wir keine rechte Lust auf oder sogar Angst vor den Themen haben. Wir verspüren den Drang, uns irgendwie abzulenken. Zum Beispiel durch Fernsehen.

Und auch dahinter steckt etwas, das die Natur eigentlich zu unserem Schutz eingerichtet hat. Eine Art Autopilot, der „gewohnte" Prozesse quasi in Eigenregie ablaufen lässt. Damit wird die wertvolle Energie, die das Gehirn beim fokussierten Denken benötigt, nicht für weniger wichtige Aufgaben verschwendet. Wenn wir zum Beispiel die Schuhe anziehen, wissen wir instinktiv, wie die Schnürsenkel gebunden werden. Wir machen das, während unsere - bewussten - Gedanken schon lange um die nächsten Aktivitäten kreisen. Oder der Heimweg von der Arbeit, den wir seit 10 Jahren genau so fahren. Kennst du das auch? Irgendwann steht man mit dem Auto vor dem Garagentor und wundert sich, dass man schon da ist. Denn bewusst hat man die letzten Kilometer mit Grübeln über ein besonders schwieriges Problem zugebracht.

Unser Gehirn ist unablässig damit beschäftigt, uns unnötige „Arbeit" abzunehmen, indem es bestimmte Muster in der Umwelt interpretiert und dem Körper automatische Handlungsanweisungen gibt. All das geschieht noch immer mit dem Ziel, zu überleben. Karriere machen oder ein erfülltes Leben führen, kommt im Steinzeitprogramm noch nicht vor. Dazu reichen dem Gehirn ganz einfache Signale, die im Gedächtnis in

Verbindung mit bestimmten Emotionen und Aktionen abgespeichert sind.

Wenn ich dich jetzt zum Beispiel bitte, an einen Hund zu denken - welcher Hund kommt dir da in den Sinn?

Das ist bei jedem Menschen ein anderer. „Natürlich", wirst du jetzt sagen, „es gibt ja auch Millionen von Hunden alleine in Deutschland."

Der Grund ist jedoch ein anderer. Das Signal „Hund" löst im Gehirn sofort eine hektische Betriebsamkeit der Neuronen aus. In allen Bereichen des Setzkastens aus Emotionen, Erfahrungen, Orten, Beziehungen wird das aktiviert, was am ehesten zu der Situation passt. So denke ich dabei an den Dackel meiner Nachbarin. Als ich noch ein kleiner Junge war, hatten mein Bruder und ich eine ganz besondere Beziehung zu ihm. Ich würde mich also freuen und versuchen, den Hund vor mir zu streicheln. Der Mensch hinter mir hat vielleicht einmal bei der Post gearbeitet, hat ganz andere Erfahrungen gemacht und wechselt daher lieber die Straßenseite.

Beim Denken geht es also nicht um irgendwelche Kategorien, sondern tatsächlich um konkrete, sehr individuelle Erfahrungen und Dinge.

HABEN WIR DANN ÜBERHAUPT SO ETWAS WIE EINEN FREIEN WILLEN?

Die klare Antwort lautet: Ja. Und auch das ist wissenschaftlich belegbar.

In einem sehr interessanten Versuch, den Prof. John-Dylan Haynes vom Bernstein Center for Computational Neuroscience der Berliner Charité durchgeführt hat, wurde genau das nachgewiesen. Er zeigt, dass unser Unterbewusstsein zwar aufgrund der oben genannten automatisierten Mustererkennung die erwartete „Entscheidung" für uns vorbereitet, wir aber jederzeit diese vorbereitete Entscheidung aktiv ändern können.

In dem Experiment sollten Probanden ein einfaches Spiel gegen einen Computer spielen, während gleichzeitig die EEG-Signale (vereinfacht: elektrische Aktivität des Gehirns, gemessen durch Spannungsschwankungen an der Kopfoberfläche) ihres Gehirns gemessen wurde. Die Aufgabe war simpel: Zeigte die Ampel auf dem Bildschirm grün, sollten sie mit dem Fuß eine Taste bedienen, die ein Fahrzeug in dem Spiel in Bewegung setzte. Im ersten Teil des Experiments wurden lediglich die Hirnströme analysiert und der Computer damit gefüttert.

Im zweiten Teil des Experiments war der Computer so programmiert, die Ampel sofort auf Rot umzustellen, sobald die Hirnströme der Probanden anzeigten, dass die Fußbewegung („Schalter ein") unmittelbar bevorstand.

Das Ergebnis war überraschend: Die Probanden konnten ausnahmslos die „vorbereitete" Bewegung noch abbrechen und eine andere Entscheidung treffen.

„Unser Experiment zeigt jetzt, dass obwohl das Gehirn eine Entscheidung vorbereitet, wir anscheinend jederzeit in diesen Prozess eingreifen können und eine Entscheidung noch abwenden können, die unser unbewusstes Gehirn für uns gefällt hat", zog John-Dylan Haynes sein Fazit nach dem Experiment.

Doch auch wenn unser Bewusstsein offenbar das letzte Wort behält, gibt es ihn, den Point of No Return: Erfolgte die Ampelumschaltung in dem Experiment weniger als 200 Millisekunden vor der Auslösung des Kommandos im Gehirn, die Taste zu drücken, konnten die Probanden die Bewegung nicht mehr stoppen.

Für die Wissenschaftler war das eine positive Überraschung, belegte sie doch, dass wir Menschen sehr viel weniger von unserem Unterbewusstsein gesteuert sind, als bisher angenommen. Dennoch sind die meisten der durchschnittlich 60 000 – 70 000 Gedanken pro Tag unbewusst oder sogar negativ.

WAS BEDEUTET DAS NUN KONKRET FÜR UNS?

Bevor du jetzt anfängst, dir über ganz alltägliche Dinge unnötig Gedanken zu machen, lass uns noch einen weiteren Blick auf die Zusammenhänge werfen:

Das, was wir „Gedanken" nennen, also das koordinierte Feuern von Impulsen zwischen den Neuronen im Gehirn, passiert bei jedem Menschen rund 60 000 bis 70 000 Mal am Tag (inklusive der Zeit, in der wir schlafen). Davon ist der weitaus größte Teil, nämlich 98 Prozent, unbewusster Natur und beschäftigt sich mit Wiederholungen von Dingen, die wir bereits kennen. Lediglich zwei Prozent beschäftigen sich täglich mit neuem Wissen.

Dazu kommt: Der weitaus größte Teil aller Gedanken hat mit neutralen, nebensächlichen Dingen zu tun. 70 Prozent sind es genau genommen. Diese Gedanken helfen uns dabei, die Schuhe zu binden, morgens im Halbschlaf die Kaffeemaschine zu bedienen oder abends nach der Arbeit gedankenverloren den Heimweg zu finden. 27 Prozent aller Gedanken sind jedoch tatsächlich negativ - bis hin zu richtiggehend destruktiv. Nur 3 Prozent sind aufbauend und positiv.

Normalerweise.

Denn genau hier möchte ich mit diesem Buch ansetzen. Wie das Experiment an der Berliner Charité gezeigt hat, haben wir sehr viel mehr Einfluss auf unser Unterbewusstsein als bisher angenommen. Wir müssen die „Steinzeitprogrammierung", die zu Zeiten von Mammuts und Säbelzahntigern sinnvoll war, nicht einfach bis ans Ende unserer Tage übernehmen. Wir können aktiv daran arbeiten, wie wir auf Impulse aus unserer Umwelt reagieren.

Unsere Gedanken haben einen sehr starken Einfluss darauf, wie wir uns fühlen und sie prägen unser Handeln. Wie wir uns in bestimmten Situationen verhalten, prägt wiederum unser Bild in der Öffentlichkeit und wie unser Umfeld auf uns reagiert. Und damit, was wir von unserer Umwelt zurückbekommen. Egal ob von Eltern und Schwiegereltern, Kollegen, Chefs oder vom eigenen Lebenspartner. Hier geht es also nicht um eine Art Zauber, durch den auf einmal unser Leben ein ganz anderes wird, nur weil wir ganz fest daran glauben. Nein, unser Denken hat tatsächlich messbar und nachweisbar einen sehr starken Einfluss auf unsere Lebensqualität.

Damit zeichnen sich unsere Gedanken vor allem durch zwei besondere Merkmale aus: Bewusstsein und Intentionalität. Unter letzterem versteht man die Eigenschaft unseres Gehirns, erkannten Mustern einen Sinn zu verpassen und Zusammenhänge herzustellen.

Als Kind lernen wir zunächst einzelne Worte, die ganz konkrete einzelne Dinge bezeichnen. Mama, Papa, Flasche, Löffel oder Prinzessin Lillifee. Das Zusammenfassen in Kategorien kommt erst viel später. Und noch später das Verständnis abstrakter Zusammenhänge zwischen einzelnen Kategorien:

Der Waldi aus der Kindheit ist ein Nachbarshund und/oder Haustier (Kategorien) und potentiell bissig (emotionaler Zusammenhang des Postboten von weiter oben im Kapitel) - oder ein lustiger, kuschliger Spielkamerad.

Und hier können wir ansetzen. Unser Gehirn ist in der Lage, diese, im Laufe unseres Lebens erstellten, Kategorien immer wieder neu zu bewerten und ihnen eine neue Bedeutung zuzuweisen.

Genau darum wird es in den nächsten Kapiteln gehen. Ich zeige, wie wir den häufig unbewussten Prozessen auf die Spur kommen, die eigentlich neutralen Gedanken eine negative Bedeutung geben. Wie und wo sich diese üblicherweise kritisch auswirken. Und was wir schlussendlich dagegen tun können.

2

WIESO DU DEINE GEDANKEN NIEMALS UNBEAUFSICHTIGT LASSEN SOLLTEST

„Es sind nicht die Dinge, die uns beunruhigen, sondern die Meinungen, die wir von den Dingen haben."

— EPIKTET

---

*D*ie meisten Menschen denken, dass negative Gefühle durch andere Menschen oder äußere Umstände entstehen. Glücklicherweise stimmt das nicht. Wir sind „niemandem ausgeliefert" und keiner kann uns „auf die Palme bringen". In Wirklichkeit ruft jeder Mensch seine Gefühle selbst hervor.

Noch vor wenigen Jahren habe ich fast allergisch reagiert, wenn Leute in meinem Freundeskreis mir an den Kopf warfen, alles zu negativ zu sehen. Ich würde alles schlecht reden, meinten sie. Mir das Leben unnötig schwer machen. Auch mein Chef schlug in dieselbe Kerbe und ermahnte mich in den jährlichen Mitarbeitergesprächen regelmäßig, etwas mehr Überzeugung und Begeisterung an den Tag zu legen. Ich würde mir mit meiner negativen Einstellung selbst im Weg stehen. Ich verstand damals nur nicht, was er meinte. Im Gegenteil, ich fragte mich teilweise ernsthaft, ob es ihm wirklich gut ging und er seiner Aufgabe noch gewachsen war.

EINE REALISTISCHE SICHT DER DINGE EINZUNEHMEN, KÖNNE DOCH NICHT FALSCH SEIN ODER?

In unserer Firma ging damals gerade ein Beratungsunternehmen ein und aus, das uns dazu bringen sollte, ein „High Performance Team" zu werden. Echte Begeisterung für unsere Arbeit zu entwickeln. Den Sinn in unserer Arbeit (und natürlich generell in unserem Leben) zu finden. Ich empfand das als Bevormundung und durchweg falsch. Die meisten meiner Kollegen hatten, wie ich, einen technischen Hintergrund. Für uns waren Zahlen, Daten und Fakten entscheidend. Uns war es egal, ob wir diese in grün, gelb oder rot an die Wand malten. Testergebnisse, physikalische Gesetze und Margenvorgaben lassen sich nun mal nicht schönreden.

Und Begeisterung empfand ich durchaus. Wenn wir ein Produkt fertig hatten, die Qualität stimmte und wir gelegentlich von Kunden eine entsprechende Rückmeldung bekamen. Aber auf dem Weg dorthin gab es nun mal vieles zu beachten, das schief gehen konnte - und als der Zuständige für Qualitätssicherung sah ich es als meine Pflicht und ureigene Aufgabe an, den Advokatus Diavoli zu spielen. Egal, was mein Chef dachte. Die Berater wären irgendwann wieder weg. Meine Kollegen und ich jedoch würden noch immer mit den Gesetzen der Physik auf der einen und der chronischen Unterbesetzung der Teams auf der anderen Seite zu kämpfen haben. Mehr Begeisterung würde daran nichts ändern. Die Rahmenbedingungen waren in unserer Branche schwierig, gute Leute teuer, der Zeitdruck sehr hoch und ein technisches Versagen unserer Produkte im Einsatz beim Kunden potenziell lebensgefährlich. Daran konnte keiner von uns etwas ändern, indem er es sich schönredete.

So dachte ich damals wirklich und ich weiß, dass ich damals mit dieser Einstellung nicht alleine war.

Natürlich kann man sich nicht in Gedanken eine Welt schaffen, in der es keinen Zeitdruck, herausfordernde Budgetprobleme oder kritische Kunden gibt. Zu glauben, dass man Probleme einfach nur ignorieren muss und sich diese dann von selbst lösen, ist genauso falsch.

Nein, es ist schon gut, eine realistische Einstellung zu den Herausforderungen des Lebens einzunehmen. Realistisch zu sein bedeutet aber, die guten UND die kritischen Aspekte zu beleuchten. Neutral, mit ausreichend innerer Distanz. Denn gerade, weil diese Bedingungen oft kaum zu beeinflussen sind, ändert sich überhaupt nichts. Ob wir nun vor Freude in die Hände klatschen oder vor lauter Ärger so lange vor uns hin kochen, bis wir das nächste Magengeschwür haben, das Problem geht davon nicht weg.

Dabei hatte ich auch damals schon genügend Beispiele in meinem Leben, aus denen ich die richtigen Schlüsse hätte ziehen können. Ich musste auf dem Weg zur Arbeit jeden Morgen 90 Kilometer pendeln. Dabei auch über eine der am stärksten befahrenen Autobahnen des Landes. Stau gehörte jeden Tag dazu. Der schwierigste Teil war dabei der Zubringer auf die Ringstraße, die mich zu meinem Büro brachte. Eine Alternative gab es nicht - das war Teil des Problems, wie ich jetzt weiß. Ich fühlte mich dem Verkehr, dieser Straße und der Tatsache, dass ich nichts machen konnte, hilflos ausgeliefert. Aber ich ertrug es. Jeden Morgen, viele Jahre lang.

Nicht gelassen, allerdings. Vor allem dann, wenn sich kurz vor der Abfahrt wieder ein besonders schlauer Zeitgenosse vor mir auf die Abbiegespur quetschte, um den langen Stau auf selbiger zu umgehen. Ich rechnete schon immer damit und versuchte, den Abstand zu meinem Vordermann immer so gering wie möglich zu halten. Was aber nicht immer gelang, ab und zu dann ausgenutzt wurde und mich zu sehr kreativen Schimpftiraden animierte.

Ich hatte das nie hinterfragt. Bis zu dem Tag, als ich meinen Nachbarn mit in die Stadt nahm. Sein Auto war kaputt, und ich hatte ihm angeboten, ihn bis zu meiner Firma mitzunehmen - von dort würde er mit öffentlichen Verkehrsmitteln gut weiterkommen. Die Fahrt verlief wie immer. Bis zur Auffahrt war der Verkehr mehr oder weniger fließend und wir unterhielten uns angeregt. So sehr, dass ich daran dachte, ihn häufiger mitzunehmen, denn die lange Fahrt verging so viel schneller.

Doch kaum kamen wir an der üblichen Staustelle an, musste ich mich ja auf das Auto vor mir konzentrieren. Nein, an diesem Morgen würde ich sicherlich niemanden reinlassen! Und ich war erfolgreich. Nur einer hatte es versucht, aber ich war hartnäckig geblieben - mit dem Ergebnis, dass der Drängler auf seiner Spur alles blockierte und hinter sich ein ordentliches Hupkonzert auslöste.

Mein Nachbar war ganz still geworden. Als wir jedoch die Stelle, an der sich jemand hereindrängeln konnte, hinter uns gelassen hatte und auch ich mich wieder entspannte, meinte er:

„Und, geht es dir jetzt besser?"

Ich drehte mich zu ihm und sah alles, nur keine Begeisterung in seinem Gesicht.

„Was meinst du?"

„Was hat dir das jetzt gebracht?"

Ich versuchte, ihm vorzurechnen, wie viel länger wir alle brauchen würden, wenn das Schule machte und permanent andere Verkehrsteilnehmer sich so frech vordrängeln würden.

„Und was, wenn es gar nicht frech war?"

Ich sah ihn verständnislos an.

„Was, wenn es jemand von außerhalb ist, der sich einfach nur nicht auskennt. Oder in Gedanken war. Oder Angst beim Autofahren hat und von dem starken Verkehr überfordert ist, oder..."

„Ist ja schon gut", hatte ich abgewunken, „ich habe ja verstanden."

Insgeheim ärgerte ich mich, dass er mich nicht jubelnd beglückwünscht hatte zu meinem gelungenen Manöver, aber ich wollte mich nicht mit ihm streiten.

Er ließ nicht locker.

„Ich habe dich jetzt zehn Minuten lang beobachtet. Wie lange kennen wir uns jetzt? Fast zehn Jahre? So angespannt habe ich dich selten gesehen. Die Knöchel an deinen Händen am Lenkrad waren ganz weiß, so fest hast du es umklammert. Du hast kaum richtig Luft geholt und dauernd vor dich hin geschimpft. Du wurdest ganz rot im Gesicht. Und wofür? Sind wir wirklich so viel schneller am Ziel? Was wäre denn gewesen, wenn du für ihn einfach eine kleine Lücke gelassen hättest? In Zeit ist das vermutlich nicht zu messen, aber dein Blutdruck hätte es dir gedankt. Und ich hätte mich weiter in Ruhe mit dir unterhalten können."

Ich habe ihn danach nie wieder mitgenommen, aber ich musste noch lange an dieses Gespräch denken. Dennoch entschied ich mich dafür, lieber weiterhin alleine zu fahren, um mich in Ruhe und ohne schlechtes Gewissen ärgern zu können. Dabei hätte sich damals schon sehr vieles für mich ändern können.

Selbst unsere Sprache gibt uns hier schon die richtigen Hinweise: „*Ich* ärgere *mich* über etwas." Oder „danach habe *ich mich* wieder entspannt..."

Richtig, „ich mich"! Niemand sonst ist dafür nötig. Das hatte und habe ich vollständig selbst in der Hand.

DAS ABC DER GEFÜHLE

Nun ist das alles leichter gesagt als getan, das kann ich aus eigener Erfahrung bestätigen. Als ich im Krankenhaus aus dem Koma erwachte und erfuhr, dass meine Frau nicht mehr lebte, waren es nicht so sehr die körperlichen Verletzungen, die mir zu schaffen machten. Wenn ich heute zurückdenke, erinnere ich mich fast nicht mehr an die körperlichen Schmerzen, obwohl diese auch vorhanden waren. Nein, was sich am meisten in meine Erinnerung eingebrannt hat, war dieses Gefühl der absoluten Leere in mir. Da war einfach gar nichts mehr. Dunkelgrau. Nebel. Es war mir sogar fast egal, dass ich meine Beine zunächst gar nicht und später nur mit Mühe bewegen konnte. Irgendwie war das ein Teil meines Lebens, der mich überhaupt nicht mehr interessierte.

Was mich stattdessen interessierte, konnte ich damals aber auch nicht sagen. Meine Eltern, meine Töchter, auch die Schwestern und Therapeuten im Krankenhaus - sie waren alle großartig. Positiv. Immer an meiner Seite. Niemand machte mir Vorwürfe, außer ich mir selbst. Stundenlang lag ich auch in der Nacht wach und grübelte, was ich hätte anders machen können. Ob ich den Unfall nicht hätte vermeiden können. Ich fühlte mich auch wegen des dämlichen Streits schuldig, obwohl der mit dem Unfall nun überhaupt nichts zu tun hatte.

Teilweise ging es so weit, dass ich mit meinen Eltern stritt, als sie mich beruhigen wollten. Mir sagten, dass niemand diesen Unfall hätte verhindern können. Ich wollte schuldig sein!

Meine erste Sitzung in der Gruppe, in die meine Physiotherapeutin und die geballte Überzeugungskraft meiner Töchter mich gebracht hatten, war schwierig. Ich war innerlich dagegen. Ich hatte von derlei Selbsthilfegruppen früher nie etwas gehalten. Was sollte es bringen, vor anderen sein Innerstes nach außen zu kehren und über Probleme zu reden? Die eigenen Probleme kann man schließlich nur selbst lösen, oder etwa nicht? Selbst wenn man Hilfe benötigte, wie sollten sich völlig Fremde denn in die eigene Situation hineindenken können?

Mit dieser Einstellung ging ich also auch in die erste Sitzung meiner Trauergruppe. Ich rüstete mich innerlich für den Moment, an dem ich mich vorstellen und meine Geschichte erzählen musste. Hörte bei den anderen gar nicht richtig zu. Ich wollte ja auch nicht dazugehören.

Erst bei der letzten Geschichte wurde ich hellhörig. Es war eine Frau, sie war schon länger dabei. Sie hatte ihren Lebensgefährten auf eine ziemlich dramatische Art und Weise verloren. Er war an einem Herzinfarkt gestorben, während er auf Dienstreise war und sie gerade mit ihm telefonierte. Es dauerte Tage, bis er gefunden wurde. Tage, in denen sie fast wahnsinnig wurde, da sie nicht wusste, wo genau er war. Ob er vielleicht Hilfe benötigte. Niemand schien ihr glauben zu wollen. In ihrer Verzweiflung fuhr sie auf eigene Faust los, um ihn zu suchen. Natürlich ein völlig unmögliches Unterfangen, denn wo sollte sie denn mit der Suche überhaupt beginnen? Sie war nach einigen durchwachten Nächten völlig übermüdet und hatte auf der Autobahn einen Unfall gebaut. Im Gegensatz zu mir wurde ihr die Schuld zugesprochen. Nach dem Krankenhaus wartete noch eine Gerichtsverhandlung, sowie Forderungen der Versicherungen auf

sie. Und das neben der traurigen Gewissheit, dass ihr Lebensge-
fährte während ihres letzten Telefonats gestorben war. Niemand
hätte ihm mehr helfen können.

Als ich ihr zuhörte, ertappte ich mich bei zwei Gedanken. Der
erste war, dass ich diese Frau überhaupt nicht kannte, aber sehr
gut verstehen konnte, was in ihr vorging. Ich... hatte das Gefühl,
mit dabei zu sein. Ich fühlte ihren Schmerz. Und im selben
Moment dachte ich, dass es dann vielleicht auch den anderen mit
meiner Geschichte so ging. Dass es vielleicht doch möglich war,
Schmerz und Trauer zu teilen. Und der zweite Gedanke war: Was
sie erlebt hatte, war furchtbar. Sie hatte einen Mann verloren,
den sie offenbar sehr geliebt hatte. Aber sie hatte, anders als ich,
offenbar keine Familie, die ihr helfen konnte. Da sie aufgrund
des Unfalls vermutlich den Führerschein zumindest für eine
Weile verlieren würde, war auch ihr Arbeitsplatz in Gefahr. Da
waren ernste existenzielle Sorgen mit im Spiel. Und dennoch
wirkte sie stark. Zuversichtlich. In Trauer, ja, aber nicht verzweifelt. Auf alle Fälle ganz, ganz anders als ich mich in dieser Phase
in meinem Leben fühlte.

An diesem Tag musste ich gar nichts sagen, wie ich hinterher
erfuhr. Niemand musste reden, wenn er sich nicht danach fühlte.
Wenn ich soweit war, meine Geschichte zu teilen, würde ich ein
offenes Ohr finden. Aber, so sagte die Leiterin der Gruppe,
schon zuzuhören kann hilfreich sein. Da auch durch geteilten
Schmerz eine Form von Gemeinschaft entstehen kann, in der
man sich nicht mehr so alleine fühlt.

Wie Recht sie hatte!

Allerdings nicht, was das Thema „alleine sein" anbelangte. Ich
war ja nicht alleine und wusste das auch, nicht erst seit der
Geschichte der Frau in der Gruppe. Ich wusste, was ich an
meinen Eltern und meinen großartigen Töchtern hatte.
Außerdem hatten meine Vorgesetzten mir sehr schnell versichert,

dass mir von arbeitstechnischer Seite keine Gefahr drohte und ich erst einmal in Ruhe gesund werden sollte. Aber dieser Moment, als ich den Unterschied bemerkte, wie diese Frau auf ihre schwierige Situation mit Ruhe und Zuversicht reagierte, während ich mich in dieses graue Nebelloch in mir fallen gelassen hatte... Dieser Moment war unglaublich mächtig. In die zweite Sitzung ging ich schon mit einer ganz anderen Einstellung. Ich war neugierig zu sehen, ob ich ähnliche Muster auch bei anderen Teilnehmern beobachten konnte. Ich wollte wissen, inwieweit sich das von mir selbst, von dem, was ich dachte und fühlte, unterschied. Alles, was ich entdeckte und erfühlte, kam in mein Tagebuch.

Im Laufe der Zeit und zahlloser Gespräche mit anderen Betroffenen erkannte ich eine Struktur, die man grob in drei Teile teilen kann:

Starke Gefühle entstehen nicht einfach so aus heiterem Himmel. Bei Trauer ist es einfach. Wenn ich einen geliebten Menschen verliere, trauere ich. Das kann bei Liebeskummer der Fall sein. Oder auch, wie bei mir, nach einem tragischen Unfall. Aber das passiert einem glücklicherweise nicht jeden Tag. Und doch werden wir auch in ganz alltäglichen Situationen gelegentlich mit sehr starken Emotionen konfrontiert. Aber wir stellen uns diesen meist nicht, sondern blenden sie entweder aus, oder reagieren mit Ärger, Frust, heftiger Kritik und starken Ressentiments.

Das hängt mit der Natur der Gefühle zusammen und wodurch sie ausgelöst werden. Sie stehen nicht einfach so im luftleeren Raum. Und sie entstehen auch nicht einfach so.

Dahinter steckt eine Verkettung aus drei Schritten:

Schritt 1 (A)

Du siehst oder hörst etwas, das dein Unterbewusstsein an eine bestimmte Erfahrung erinnert. Das kann positiv oder negativ sein. Ich bekomme heute noch Appetit auf Schokoladeneis, wenn ich etwas höre, das an die Klingel des Eismanns bei uns im Dorf erinnert. Zu Martinshörnern habe ich dagegen eher eine schwierige Beziehung. Meistens sind diese Eindrücke aber sehr subtil.

Schritt 2 (B)

Dein Unterbewusstsein verpasst dem Sinneseindruck eine Bewertung: Positiv wie im Falle des Eismanns (es sei denn, du möchtest gerade abnehmen) oder Zuschreibungen wie „gefährlich", „peinlich", „schmerzhaft", und so weiter.

Schritt 3 (C)

Dein Unterbewusstsein schickt dir starke Emotionen, die dich dazu zu bewegen, aktiv zu werden. Angst sorgt dafür, dass du dich aus der Gefahrenzone begibst. Scham wird dich dazu bringen, einen Fehler wieder gut zu machen. Trauer hilft dir, dich von etwas zu lösen, das Teil der Vergangenheit war und dir in der Gegenwart und Zukunft nicht mehr hilft. Ärger kommt dann auf, wenn deine Werte und inneren Grenzen in Gefahr geraten.

Zusammengefasst besteht ein Gefühl in Wirklichkeit aus 3 Teilen:

A – Das Ereignis bzw. die Situation

B – Unsere Gedanken, die die Situation bewerten

C – Unserem Gefühl und der Handlung

Als ich diese Struktur erkannte hatte, kamen viele Erinnerungen in mir hoch, die dazu passten. Einmal gab es zum Beispiel ein Vorkommnis mit meinem Vorgesetzten.

Es war während eines besonders kritischen Projekts und wir waren alle sehr angespannt. Ein Termin musste unbedingt eingehalten werden und lange Zeit sah es nicht danach aus, als würden wir es schaffen. Wir alle machten damals Überstunden ohne Ende, weil wir das Projekt unbedingt erfolgreich abschließen wollten. Auch ich hatte am Abend vorher bis weit nach 22 Uhr gearbeitet und war morgens schon um 5 Uhr wieder im Büro. Zwei meiner Kollegen ebenfalls, und wir schafften den Durchbruch. Gegen 11 Uhr an dem Tag konnten wir Vollzug melden. Hätten wir gekonnt, wenn nicht unser Chef in einer Dauersitzung verschollen gewesen wäre.

Erschöpft, aber auch glücklich nach diesem Marathon, saß ich also im Büro. Trank eine Tasse Kaffee und las die Zeitung, als die Tür aufflog und mein Chef hereinstürmte: „Wissen Sie, wie spät es ist?"

Ich war fassungslos! Nach all der Arbeit, die wir geleistet hatten, wurde ich angepflaumt, weil ich außerhalb einer regulären Pause die Zeitung las? Ich spürte, wie der Ärger in mir aufstieg, holte tief Luft und wollte gerade losschimpfen, als mein Blick glücklicherweise auf meinen Chef fiel. Er war blass, hatte schwarze Ränder unter den Augen und hielt mir den linken Arm vors Gesicht.

„Ich habe meine Uhr vergessen", meinte er atemlos. „Und mein Handyakku ist auch alle. Heute geht auch alles schief. Ich muss dringend unseren Bereichsleiter erreichen und…"

Der Rest tut nichts zur Sache. Glücklicherweise hatte ich mich gerade noch in den Griff bekommen. Und so war ich in der Lage, ihm die gute Nachricht für das Gespräch mit seinem Vorgesetzten mit auf den Weg zu geben.

Ich bin sicher, jeder von uns kennt ähnliche Geschichten. Der Klassiker beim Autofahren: Wenn der Beifahrer lässig bemerkt, dass die Ampel gerade auf grün gesprungen ist (oder meine Frau mich zum hundertsten Mal an derselben Stelle davor warnt, dass die nächste Kurve noch immer sehr eng ist) und wir sofort unsere Kompetenzen in Frage gestellt glauben.

Oder meine Episode mit meinem Nachbarn. Für mich war der „Drängler" eindeutig frech. Ich fühlte mich durch seine Aktion provoziert. Meinen Nachbarn ließ dieselbe Aktion völlig kalt. Er hatte tausend andere Erklärungen, warum jemand an einem Stau vorbeifährt und sich dann in letzter Sekunde auf die richtige Abfahrt drängeln möchte. Und die meisten waren weder frech noch aggressiv.

Warum ist das so? Liegt das nur an unterschiedlichen Persönlichkeiten? Ist das vielleicht sogar eine Veranlagung?

Die gute Nachricht vorab: Veranlagung ist es nicht. Oder nur zu so kleinen Teilen, dass sie nicht ins Gewicht fallen. Nein, wäre es Veranlagung, dann würden wir tatsächlich wie ein Roboter immer dasselbe Programm abfahren. Uns in Situation X immer ärgern, in Situation Y immer freuen und in Situation Z immer die Flucht ergreifen. Und zwar unabhängig von Tageszeit, Laune, Vorgeschichte oder sonstigem Kontext.

Glücklicherweise ist das nicht so. Wir haben in der Tat Einfluss darauf, wie wir eine bestimmte Situation bewerten und damit auch, wie wir darauf reagieren. Vor allem mit welchen Gefühlen wir reagieren: Ob wir vor Ärger in die Luft gehen oder mit relativer Gelassenheit auch schwierige Themen abhaken können.

Du magst jetzt sagen, dass es ungesund ist, Gefühle zu unterdrücken. Und, dass man doch ab und zu auch seinem Ärger Luft machen sollte, damit man nicht krank wird.

Und genau das ist der Punkt: Wenn man Ärger verspürt, sollte man ihn weder ignorieren noch versuchen, zu unterdrücken. Das geht auf Dauer nicht gut und endet meistens mit einem noch viel größeren Ausbruch wegen einer absoluten Nichtigkeit. Genauso wenig sollte man andere negative Gefühle wie Hoffnungslosigkeit, Trauer oder Verachtung einfach nur herunterschlucken. Aber eben auch nicht unreflektiert ausleben.

ALSO, WAS IST STATTDESSEN ZU EMPFEHLEN UND WARUM SEHE ICH MIR HIER NUR DIE NEGATIVEN BEISPIELE AN?

Nun, es lohnt sich, die Auslöser für die schlechten Gefühle zu hinterfragen (wie mein Nachbar meinen wirklich spürbaren Ärger über die Drängler). Dahinter stecken, wie weiter oben erwähnt, „Bewertungen" einer Situation in Form meist negativer Gedanken. Diesen kann man auf die Spur kommen und das sollte man auch. Denn, wie im ersten Kapitel ausgeführt, sind leider die weitaus größte Anzahl unserer Gedanken negativ. Und wie die Wissenschaft inzwischen nachweisen konnte, haben zu viele Grübeleien und negative Gedankenspiele die Kraft, einen Menschen krank zu machen. Körperlich krank.

Wenn ich mir heute durchlese, was ich in meine ersten Tagebücher geschrieben habe, kann ich bestätigen, dass mir mein Gedankenkarussell am meisten von allen Umständen zu schaffen gemacht hat. Es hat nicht nur meine Genesungsfortschritte torpediert, sondern tatsächlich aktiv dafür gesorgt, dass es mir schlechter ging, als es aufgrund meiner Verletzungen und der physischen Diagnose hätte sein müssen. Ich habe mich buchstäblich kranker gedacht.

Und das meine ich absolut wörtlich.

Ich bin sicher, auch du kennst das: Es gibt solche Tage, an denen absolut alles schief geht. Morgens rutscht man in der Küche aus und schüttet den Kaffee auf das einzige gebügelte Hemd, das noch im Schrank gehangen hatte. Durch die ungeplante Umkleideaktion kommt man viel später los als sonst und landet natürlich im Hauptstau des Frühverkehrs. Just an dem Morgen (dem einzigen im Jahr), an dem man zu spät ins Büro kommt, wollte der Chef ganz dringend etwas von einem. Und weiter geht die Kettenreaktion aus unglücklichen Umständen, an deren Ende man so ziemlich alles in Frage stellt. Die eigene Kompetenz, die berufliche Zukunft, bis hin zur Sicherheit des Arbeitsplatzes.

Rational gesehen ist vermutlich überhaupt nichts passiert. Der Bereichsleiter wusste nicht, dass ich zu spät dran war. Ich hätte ja nur in einem Meeting sein können. Er hatte eine Nachricht hinterlassen, mich bitte zu melden, was ich postwendend getan habe. Gefragt hat er nicht, wo ich war. Ich habe mich trotzdem wirr und unzusammenhängend gerechtfertigt, was dann überhaupt erst zu weiteren Fragen geführt hat. Diese wiederum haben das Gefühl ausgelöst, dass mir, beziehungsweise meiner Fachkompetenz, kein Vertrauen entgegengebracht wird.

Nur um es klarzustellen: Das ist bei mir nicht immer so. Ich liebe meine Arbeit und halte mich auch für fähig, meine Aufgaben souverän zu lösen. Wenn es sein muss, kann ich auch einem Vertreter der oberen Etagen bei fachlichen Fragen Paroli bieten. Aber es gibt sie eben, diese Tage, an denen alles schief geht.

Was dabei jedoch viel schlimmer ist, als die zugegebenermaßen ärgerlichen Verwicklungen im Büro, ist, was in uns drin in diesen Situationen geschieht. Wie ich am Anfang des Buches ausgeführt habe, reagieren wir unter Stress nach einem Programm, das bereits zu Urzeiten entstanden ist. Es läuft in den tiefsten und ältesten Regionen unseres Gehirns ab, die sich bis heute kaum verändert haben.

Damals ergab das auch Sinn, waren unsere Vorfahren doch jeden Tag wirklichen Gefahren ausgesetzt. Schon der kleinste Fehltritt konnte tödliche Folgen haben. Bei der Jagd passierte schnell ein Unfall und schon kleinste Verletzungen hatten verheerende Folgen. Im Zweifelsfall tödliche, denn einfach zum Arzt gehen konnte damals niemand.

Eines der großen Wunder der Natur ist es, wie perfekt der Mensch sich an diese Umstände angepasst hat. Es reichte schon der leiseste Hinweis auf Gefahr und in uns lief vollautomatisch ein Rettungsprogramm ab. Ein Muster wurde als Gefahr erkannt. Ein spezifisches Geräusch, der Geruch nach Wild oder der Schatten einer Bewegung reichte, und unser Vorfahr wusste: Da wartet ein Fressfeind. Sofort sorgten die Neuronen in dem ältesten Teil unseres Gehirns dafür, dass ein Hormon namens „Adrenalin" ausgeschüttet wurde. Dieses Hormon sorgte dafür, dass der Blutdruck unseres Vorfahren sofort anstieg, die Bronchien sich erweiterten und durch Fettabbau, sowie die Biosynthese von Glucose im Blut, sehr schnell sehr viel Energie bereit stand. Für nur einen Zweck: Sich mit aller Kraft dem Feind stellen zu können oder, meistens die bessere Lösung, so schnell wie möglich weglaufen zu können.

Gleichzeitig hemmt Adrenalin auch sämtliche andere Funktionen im Körper und Gehirn. Die Magen-Darm-Tätigkeit wird heruntergefahren (Hungergefühl wäre in so einer Situation eher hinderlich) und der Vorfahr bekommt einen buchstäblichen Tunnelblick auf das, was ihm in der Gefahrensituation helfen könnte: eine passende Waffe oder ein geeigneter Fluchtweg. Andere Gedanken, auch rationaler Art, sind in dem Moment nicht verfügbar und würden vermutlich auch nicht helfen.

Nach dem Ausstoß von Adrenalin, das sozusagen den Flucht-
oder Kampfreflex auslöst, schüttet der Körper Cortisol, das
zweite Stresshormon, aus. Während Adrenalin selbst nur kurz
und heftig wirkt, wird Cortisol länger bereitgestellt. Seine Haupt-
funktion besteht darin, die Abbauvorgänge des Stoffwechsels zu
aktivieren, wodurch weitere Energie zur Verfügung steht. Aber
es hemmt auch das Immunsystem und kann Entzündungsreak-
tionen im Körper entgegenwirken. Durchaus ein Vorteil, wenn
unser Vorfahr sich auf der Flucht leicht verletzt hat und eben
kein Arzt so schnell zur Verfügung steht. Dann ist es gut, wenn
sich nicht so schnell Entzündungen einstellen. Aber Entzündungen sind eben auch eine Abwehrreaktion unseres Immunsystems auf schädliche Eindringlinge. Auf Dauer macht uns ein
eingeschränktes Immunsystem anfälliger für möglicherweise
schwerere Erkrankungen.

Ein weiterer Nachteil bei alldem ist, dass diese Notreaktion des
Körpers eben nur für einen Notfall eingerichtet ist: Die sehr
schnelle Flucht aus einer Gefahrensituation oder auch der Kampf
mit einem gefährlichen Feind, für den man alle Kraft und die
gesamte Konzentration benötigt. Aber es ist und war nie für
einen längeren Zeitraum gedacht. Denn wir wissen ja, was
passiert, wenn wir eine Kerze an beiden Enden anzünden. Sie
brennt heller, ist aber auch viel schneller abgebrannt.

Und genau das wird uns heute gelegentlich zum Verhängnis.
Unser Gehirn glaubt, was wir ihm sagen, nicht umgekehrt. Auch
wenn die Gedanken ganz unbewusst kreisen. Unser Unterbewusstsein kann nicht zwischen erlebter und nur detailliert ausge-
malter Gefahr unterscheiden. Es glaubt, dass uns eine absolute
Katastrophe bevorsteht und wir in akuter Lebensgefahr
schweben.

Und so wird für unser Gehirn tatsächlich aus der - wohlgemerkt
nur ausgemalten - Abmahnung durch den Chef ein leibhaftiger

Säbelzahntiger, der kurz davorsteht, uns in eine Mahlzeit zu verwandeln. Und nach dem Chef kommt der Stress im Stau, das Kind, das in der Schule gemobbt wurde und eine Rechnung, die höher ausgefallen ist, als unser derzeitiger Kontostand hergibt. Und immer weiter bekommt unser Gehirn das Signal: Gefahr im Verzug!

Dabei ist es vor allem Cortisol, das hier zum Bösewicht wird. Denn neben der Beeinträchtigung des Immunsystems wirkt es auch negativ auf den Blutzuckerspiegel. Cortisol ist ein wichtiger Gegenspieler zum Insulin. Ist der Cortisolspiegel im Blut dauerhaft erhöht, kann dies langfristig zu Insulinresistenz und damit tatsächlich zu Vorstufen von Diabetes oder auch einem Ausbruch von Diabetes kommen.

Dazu kommt, dass chronischer Stress nachweislich zu Depressionen führen kann, die in zahlreichen Studien als mit ursächlich für schwere Herz-Kreislauferkrankungen nachgewiesen wurden. So ist inzwischen belegt, dass Depressionen und/oder dauerhafter Stress, egal ob beruflich oder privat (Scheidung, Tod eines geliebten Menschen...), für etwa jeden dritten Herzinfarkt verantwortlich sind.

Sehr vereinfacht gesagt: Durch dauernde, negative und quälende Gedanken versetzen wir unseren Körper in Dauerstress. Das führt zur Ausschüttung der genannten Stresshormone über einen viel zu langen Zeitraum, was wiederum langfristig zu Depressionen - aber auch physischen Symptomen wie chronischen Schmerzen, Diabetes und schweren Herz-Kreislauferkrankungen - führen kann.

Aber genug von den schlechten Nachrichten. Es ist an der Zeit, aktiv zu werden. In all den schwierigen Punkten dieses Kapitels gibt es nämlich auch eine gute Nachricht: Da wir selbst die Verursacher der negativen Gedanken sind, können wir sie auch selbst ändern, und zwar durchaus mit „Hausmitteln". Damit meine ich nicht Dinge wie Kamillentee oder Wadenwickel (obwohl diese zumindest nicht schaden).

Nein, wir haben es selbst in der Hand, negativen Denkmustern und Glaubenssätzen auf die Spur zu kommen. Sie rational infrage zu stellen und so nach und nach auszuschalten. Die negative Abwärtsspirale sozusagen umzudrehen. Aber wie finden wir heraus, welche negativen Gedanken sich bei uns vielleicht schon seit Langem und ganz tief im Unterbewusstsein eingenistet haben? Genau darum wird es im nächsten Kapitel gehen.

3
DIE 6 HÄUFIGSTEN ARTEN
NEGATIVEN DENKENS

„Das Denken ist das Selbstgespräch der Seele."

— PLATO

Jeder Mensch neigt gelegentlich dazu, sich negativen Gedanken hinzugeben oder stundenlang zu grübeln. Erst wenn es zum Dauerzustand wird und die Grübelei sich in richtige Katastrophenszenarien steigert, wird es zum Problem. Mit durchaus gravierenden Folgen.

Wenn ich von negativem Denken spreche, meine ich nicht die gelegentlichen Momente, in denen man schlecht gelaunt ist oder zu überhaupt nichts Lust hat. Es ist auch nicht notwendig, jeden ansatzweise kritischen Gedanken aufzuspüren und hochkant aus dem Kopf zu werfen. Was im Übrigen auch gar nicht möglich wäre.

Es gibt jedoch Muster, die es leichter machen, den tiefliegenden Saboteuren im Kopf auf die Spur zu kommen.

In der Folge möchte ich einen Überblick über die 6 häufigsten Arten negativen Denkens geben:

1. Alles-oder-Nichts-Denken oder auch Schwarz-Weiß-Denken genannt

Das ist die mit Abstand häufigste Art der negativen Gedanken. Sie ist nicht leicht zu entdecken, da sie im Gewand absoluter Wahrheiten daherkommt. Wir glauben ganz tief in uns drin, dass diese Wahrheiten Realität sind. Und erkennen darum gar nicht, dass wir gerade dabei sind, uns selbst mental zu sabotieren.

Klassische Merkmale dieses Denkens sind Sätze wie: „Wenn ich das nicht hinbekomme, war's das mit der Beförderung", oder „Ich muss unbedingt abnehmen, sonst verlässt er mich", oder „Ich habe nur diese eine Chance, den Pokal zu gewinnen. Wenn nicht, ist es aus mit meiner sportlichen Zukunft."

Die Gefahr bei diesen Sätzen ist, dass sie plausibel klingen. Es kann ja sein, dass es in deiner Firma nur alle Schaltjahre zu einer Beförderung kommt. Du tatsächlich das letzte Mal, auf Bewährung sozusagen, auf ein Projekt angesetzt worden bist und nur im Erfolgsfall berücksichtigt wirst. Und die nächste Runde findet erst in zehn Jahren und damit weit nach dem Eintritt ins Rentenalter statt. Es kann ebenfalls sein, dass dein Freund oder deine Freundin dir ein Ultimatum gestellt hat, weil du in den letzten Jahren etwas Hüftgold angesetzt hast und er oder sie ein echter Fitness-Freak ist. Und es kann ebenfalls sein, dass du in einem Sport aktiv bist, der nur bis zu einem gewissen Alter auf einem sehr hohen Leistungsniveau betrieben werden kann.

Also auf den ersten Blick betrachtet, ergeben diese Sätze Sinn. Und wir glauben sie darum auch. Je mehr wir an ihre Gültigkeit glauben, desto mehr Angst bekommen wir vor dem Scheitern. Wir machen uns mit diesen Gedanken immer mehr Stress und dadurch steigt die Wahrscheinlichkeit, dass wir das gesetzte Ziel tatsächlich nicht erreichen.

Aber wenn wir einen rationalen Blick auf die Sätze werfen, merken wir sehr schnell, dass das alles gar nicht so stimmt. Selbst wenn es in deiner Firma so zugehen sollte, warum bleibst du dann dort? Wenn die Firma dir keine Perspektiven bieten kann, heißt das noch lange nicht, dass du selbst nicht gut genug bist. Deine Fähigkeiten sind ja unbestritten vorhanden, sonst wärst du ja von vornherein nicht für die Beförderung in Frage gekommen. Und in anderen Firmen wärst du wahrscheinlich mit deiner Erfahrung höchst willkommen.

Eine erfolgreiche Zukunft als aktiver Sportler in genau deinem Segment kann schon schwierig sein. Aber wie definierst du „erfolgreiche Zukunft"? Viele Leistungssportler schaffen nach dem Ende ihrer aktiven Laufbahn den Sprung entweder in eine Trainerkarriere oder auch in die freie Wirtschaft. Menschen, die über Jahre so viel Hingabe, Selbstdisziplin und Leistungsbereitschaft bewiesen haben, dass sie ganz vorne dabei sein können, sind in vielen Berufen gefragt. Also bieten sich auch nach dem Ende der aktiven Laufbahn noch viele Möglichkeiten für eine mehr als erfolgreiche Zukunft. Noch dazu eine, die mit weniger Schmerzen und Verzicht zusammenhängt.

Um zum letzten Beispiel zu kommen: Wenn du wirklich einen Partner haben solltest, der sich mit solchen Äußerlichkeiten beschäftigt, ist eine gemeinsame Zukunft auch nicht erstrebenswert. Wenn der Wunsch, doch etwas abzunehmen, echter Sorge um die Gesundheit entspringt, wird einen der Partner nicht gleich verlassen. Wenn es dagegen nur um das Erscheinungsbild nach außen geht, ist es tatsächlich besser, den Partner lieber zu verlassen. Denn dann stehen die Chancen auf eine wirklich glückliche Beziehung in der Zukunft woanders deutlich besser.

Das waren jetzt sehr plakative Beispiele, aber sie zeigen, dass es vor allem unser Glaube ist, der uns das Leben schwer macht. Denn es gibt nie nur „schwarz und weiß" oder „alles oder nichts". Alles im Leben kommt in verschiedenen Zwischenstufen daher. Und auch wenn wir nicht immer alles erreichen können was wir uns erhoffen, so ist das Ergebnis davon so gut wie nie das Ende. Oder die absolute Katastrophe, die wir befürchten haben. Ganz im Gegenteil. Horche einmal tief in dich hinein: Gibt es nicht mindestens einen Fall, in dem du so gedacht hast, und am Ende warst du sogar froh, dass alles ganz anders gekommen ist?

2. Übertriebene Verallgemeinerung

Diese Art des negativen Denkens ist eine Variation der ersten und ebenfalls schwer zu erkennen, da wir in unserer Kultur sehr stark zu Stereotypen und Verallgemeinerungen neigen. Biertrinker bekommen einen Bauch, Intellektuelle trinken gerne Wein und ältere Menschen können keine neuen Sprachen mehr lernen. Stimmt, oder?

Natürlich nicht. Und wenn man uns direkt mit solchen Verallgemeinerungen konfrontieren würde, wäre unsere erste Reaktion, den Kopf zu schütteln. Rational wissen wir ja durchaus, dass das Leben komplexer und bunter ist.

Was uns selbst anbelangt, haben wir uns jedoch im Laufe unseres Lebens oft unbewusst solch eine negative Einstellung zu uns selbst angewöhnt. Es ist, als wäre ein Kritiker in uns, der ein einziges negatives Erlebnis in einen Dauerzustand verwandelt und uns mit erhobenem Zeigefinger sagt: „Du kriegst auch nie etwas gebacken!"

Du triffst in der Bar eine Frau (oder auch einen Mann), die du gerne ansprechen würdest, aber vor lauter Nervosität fällt dir in dem Moment, in dem sie neben dir steht, überhaupt nichts mehr ein. Du merkst, wie du rot anläufst und belangloses Zeugs stotterst. Und schon tönt er, dein innerer Kritiker, und meint: „Du wirst nie eine abbekommen!"

Du hast dich auf eine Traumstelle beworben, bist aber noch nicht einmal zur ersten Runde der Vorstellungsgespräche eingeladen worden? Ganz klar, du hast einfach nicht das Potenzial für solch eine Stelle. Es ist besser, du backst gleich kleinere Brötchen, denn das wird beim nächsten Mal auch wieder so laufen.

Irgendwann glaubt man tatsächlich, das eigene Leben sei eine Serie von Desastern, Peinlichkeiten und unerreichbaren Träumen.

Aber - du ahnst es schon - das ist natürlich nicht der Fall. Beim nächsten Mal in der Bar legst du dir vielleicht vorher eine einfache Strategie zurecht, einen lockeren Eisbrecher, der dich ins Gespräch kommen lässt. Oder dein bester Freund stellt dich überraschend einer Frau vor, die sofort dein Herz höherschlagen lässt (so hatte ich übrigens meine Frau kennengelernt - direkt ansprechen hätte ich mich nie getraut).

Bei dem Traumjob gibt es gleich mehrere Möglichkeiten, was schiefgelaufen sein könnte, und nur wenige haben etwas mit deinem Potenzial (also deinen Möglichkeiten in der Zukunft) zu tun. Es kann sein, dass dein Profil wirklich nicht passt und sie jemanden gesucht haben, der etwas anders ist als in der Stellenausschreibung formuliert. Auch dahinter stecken nur Menschen, die einmal Fehler machen können. Es kann sein, dass die Stelle auf einmal gar nicht mehr besetzt werden darf oder kann, weil die Firma inzwischen in finanzielle Schieflage geraten ist. Oder es kann sein, dass dir das Schicksal einen Gefallen getan hat, weil du in der Firma überhaupt nicht glücklich geworden wärst. Und schon ein paar Wochen später meldet sich ein Headhunter und holt dich in eine Firma, wo du all das vorfindest, was du dir immer erträumt hattest.

Das Problem bei solchen Situationen ist, dass wir uns die Zeit nicht nehmen, in uns hinein zu horchen und zu hinterfragen: „Hoppla, wer sagt das denn? Stimmt das denn überhaupt?" Aber genau das müssten wir machen, wenn wir wieder einmal die Stimme in uns hören, die sagt: „Alles geht immer schief", oder: „Mein ganzes Leben ist Mist..."

Probiere es einmal aus und du wirst sehen, wie schnell dir Beispiele einfallen, die belegen, dass solche Gedanken purer Unsinn sind.

Ach ja, und Sprachen lernen kann man übrigens in jedem Alter. Bei uns am Ort lebt ein amerikanisches Ehepaar, beide weit über 70. Sie sind vor gut 40 Jahren hergezogen, aber weil so gut wie jeder in der Nachbarschaft froh war, das eigene Schulenglisch aufzubessern, haben sie nie wirklich Deutsch gelernt. Bis Michael, so heißt der Mann, 65 wurde und in Rente ging. Da wollte er sich einen Lebenstraum erfüllen und Geschichte studieren. Auf Deutsch. Das hat er auch geschafft: Er hat es bis zur Doktorarbeit gebracht. Ebenfalls auf Deutsch.

Ich nehme an, dass auch sein innerer Kritiker gelegentlich sagte, dass das alles nichts mehr wird. Aber ganz offenbar hat er es einfach nicht geglaubt.

3. Eingeengte Wahrnehmung

Diese Art negativen Denkens hat uns die Natur mit auf den Weg gegeben. Seit unserer Zeit in den Höhlen ist unser Gehirn darauf getrimmt, Gefahrensituationen sofort zu erkennen und die netten, gemütlichen, schönen Dinge des Lebens zunächst einmal zu ignorieren. Das führt dazu, dass der Koffer, der erst am Tag nach uns am Urlaubsort ankommt, der Fehler beim Check-Out, der zu

Diskussionen mit dem Hotel führt oder der unfreundliche Flughafenangestellte über allem stehen, wenn wir an unseren Urlaub zurückdenken. Und nicht nur das. Wenn Freunde fragen, wie denn der Urlaub war, kommt oft spontan „ein ziemliches Desaster" als Antwort. Denn wir haben in diesen Situationen Stress empfunden und der Steinzeit-Teil in unserem Gehirn sagt uns, dass wir deswegen in Gefahr gewesen sind. Wir „fühlen" uns tatsächlich schlechter, weil diese Ahnung, gerade noch einmal davongekommen zu sein, irgendwie die restliche Erinnerung überschattet.

Wenn wir insgesamt entspannt sind und es uns ansonsten gut geht, fällt das nicht so ins Gewicht. Und wir vergessen tatsächlich mit der Zeit die weniger schönen Vorkommnisse. Wenn wir uns schlecht fühlen bei Dingen, die eigentlich Freude machen sollten, hilft es, ganz aktiv in unserer Erinnerung nach den schönen Erlebnissen zu kramen. Diese waren mit Sicherheit zahlreicher als die kleinen Ärgernisse, die für unser auf Überleben gepoltes Gehirn nun mal im Vordergrund stehen.

4. Leugnung des Positiven

„Hochmut kommt vor dem Fall" - wie oft musste ich mir diesen Spruch von meiner Großmutter anhören. Als Kind war ich sehr lebhaft, neugierig und begeisterungsfähig. Alles wollte ich wissen und ausprobieren. Keine Herausforderung war mir zu schwierig. Und wenn ich dann geschafft hatte, was ich wollte, kam ich oft begeistert zu meinen Eltern gerannt und brüllte schon von weitem: „Ich bin heute vom 5-Meter-Brett gesprungen und mein Sprung war der aller aller aller allerschönste." Meine Eltern lachten meistens, lobten mich manchmal und ignorierten mich gelegentlich. Großmutter schüttelte immer missbilligend den Kopf und ermahnte mich, dass - genau - Hochmut immer vor dem Fall komme. Irgendwann hatte ich das so verinnerlicht, dass ich von mir aus gar nicht mehr preisgab, wenn ich glaubte, etwas Großartiges geleistet zu haben. Ich freute mich jedoch, wenn es anderen auffiel. Mit der Zeit fiel auch das weg und immer, wenn ich im Job oder auch privat ein Kompliment bekam, fühlte ich mich bemüßigt, es „wegzureden".

Nun kann das durchaus aus Bescheidenheit geschehen, denn das gilt noch immer als „schick". Eventuell auch, weil man mit „nein, das war doch nichts, das hätte doch jeder hinbekommen" oft noch einmal zu hören bekommt, wie toll man tatsächlich war und dass das wirklich nicht jeder schafft. Also eine ganz normale Situation für die meisten von uns.

Problematisch wird es, wenn wir in unserem inneren Dialog uns selbst absprechen, etwas gut hinbekommen zu haben. Wenn das wirklich gelungene Konzept „nur dem Input des ganzen Teams zu verdanken ist und man das alleine sowieso nie hinbekommen hätte." Oder wenn das tolle Abendessen für den Schatz ein reiner, wenn auch glücklicher, Zufall war. Dies in Kombination mit anderen negativen Glaubenssätzen ist sehr gefährlich, denn während wir Verallgemeinerungen und einseitige Vorurteile noch als „schlecht" identifizieren können, scheuen wir uns alle vor dem Vorwurf von „Eigenlob" oder eventueller Arroganz. Dabei ist es wichtig, sich selbst auch gute Leistungen zuzugestehen und darauf stolz zu sein. Wenn wir das immer verleugnen, dem Zufall zuweisen oder für Glück halten, werden wir tatsächlich depressiv. Auch dazu gibt es klinische Studien.

Bestätigung und positive Rückmeldung ist eine der Grundbedürfnisse des Menschen. Wenn wir uns das selbst versagen, machen wir uns unnötig abhängig von äußerer Bestätigung. Oft mit dem Ergebnis, dass wir immer krampfhafter versuchen, einen bestimmten Eindruck zu erwecken, um eben diese Rückmeldung zu bekommen. Das versetzt uns in Dauerstress, mit den im letzten Kapitel erwähnten ernsthaften gesundheitlichen Konsequenzen.

5. *Übertreibung von Fehlern*

Ich bin sicher, dir fallen zahlreiche Beispiele zum Spruch „Aus einer Maus einen Elefanten zu machen" ein. Gelegenheiten, bei denen Menschen in deinem Umfeld eine Kleinigkeit zu einem riesigen Drama gemacht haben und du dich darüber gewundert hast.

Mit uns selbst machen wir das am laufenden Band. Ähnlich wie bei den Verallgemeinerungen lassen wir es zu, dass uns eine schlechte Erfahrung den ganzen Tag oder auch den ganzen Urlaub verdirbt. Wir sind mit Freunden am Feiern, unterhalten uns glänzend, und dann stolpert einer der Gäste und schüttet dir den Rotwein über das Hemd. Nicht deine Schuld. Es ist einfach nur ein Missgeschick, das in Sekunden passiert ist. Und dank eines T-Shirts, das dir der Gastgeber leiht, sowie einer schnellen Waschaktion, ist es sehr schnell aus der Welt geschafft. Aber woran denkst du vor allem, wenn du dich an die Party erinnerst? Genau, an den Moment, in dem du zur Lachnummer wurdest. Glaubst du zumindest. Genauso wie du glaubst, dass alle, die auf der Party waren, dich von nun an nur noch so sehen: Der Kerl, der den Rotwein über das Hemd bekommen hat.

Aber einmal Hand aufs Herz: Weißt du noch, wer bei den letzten Feiern durch ein Missgeschick aufgefallen ist? Wenn es nicht gerade ein spektakulärer Stunt war, wirst du dich irgendwann schwertun, dich zu erinnern bei welcher Party das war. Einmal abgesehen davon, wem es tatsächlich passiert ist. Und anderen geht es genauso. Nicht nur, dass vermutlich nur ein Teil das Missgeschick überhaupt mitbekommen hat. Da gab es noch all die anderen, viel schöneren Punkte, an die man sich gerne erinnert. Die coole Musik, das sensationelle Steak, die tollen Getränke und generell die Stimmung über den ganzen Abend.

Auch hier gilt: Wenn du dich dabei ertappst, nach einem einzigen Missgeschick zu denken, dass alle dich deswegen jetzt „schief ansehen" oder du jetzt für den Rest deines Lebens in der Firma für den Tollpatsch vom Lande gehalten wirst, dann bist du einem sehr häufigen Muster negativen Denkens auf die Spur gekommen.

6. Mit zweierlei Maß messen

Ich bin sicher, du kennst das: Derselbe Tick, der dir bei dem süßen Kerl am Schlagzeug so gefällt, bringt dich bei deinem Arbeitskollegen zur Weißglut. Je nach Situation, aber manchmal auch je nach Tagesform, ärgern wir uns über Dinge, die uns ansonsten eher weniger beeindrucken oder sogar ganz „reizend" vorkommen.

Schwierig wird das, wenn du mit dir selbst viel härter ins Gericht gehst, als mit den Menschen um dich herum. Du hast nach Weihnachten ein paar Kilo mehr auf der Waage und schimpfst innerlich mit dir. Du siehst dich im Spiegel an und denkst: „Du hast dich wieder einmal viel zu sehr gehen lassen. Wenn du so weitermachst, bist du in ein paar Jahren fett und krank."

Zurück im Büro kommt dein Kollege mit einem schiefen Grinsen und einer Brotbox voller Rohkost an und meint, dass sich Weihnachten dieses Mal besonders stark auf der Waage niedergeschlagen habe. Was machst du? Sagst Du ihm, was du dir selbst an den Kopf geworfen hast? Sicherlich nicht! Du wirst ihm sagen, dass man es ja gar nicht sieht, dass sich das ganz schnell wieder gibt oder dass er ja sowieso so viel Sport macht und das eigentlich kein Problem sein dürfte. Und du glaubst das auch, das sind ja meist nicht nur Höflichkeitsfloskeln.

In diesen Fällen wird unser innerer Kritiker zum Perfektionisten. Egal, was andere tun, für uns gelten strengere Maßstäbe. Schlimmer noch, die strengsten sind gerade gut genug. Das ist ausgesprochen schwierig, denn wir richten damit Erwartungen an uns selbst, die wir überhaupt nie erfüllen können. Wir können uns nur selbst enttäuschen. Und die Folge ist: Stress. Und zwar dauernd.

Ich selbst war gerade in diesem Punkt immer besonders „gut" und habe auch heute noch damit zu kämpfen. Perfektionismus, so habe ich gelernt, entsteht oft ganz früh in der Kindheit und ist schwer in den Griff zu bekommen. Allerdings habe ich auch gelernt, dass hier tatsächlich Selbsterkenntnis der erste Schritt zu einer spürbaren Besserung ist. Ich ertappe mich zwar noch immer bei derartigen inneren Dialogen, glaube aber längst nicht mehr alles, was ich mir da so an den Kopf werfe.

DIE FOLGEN

Fast allen Arten negativen Denkens gemein ist, dass sie uns in Katastrophendenken abgleiten lassen: Wir malen uns die Folgen unserer Fehler, Erlebnisse, Erfahrungen, Mängel etc. in den schlimmsten Farben aus. Egal, ob wir aus einer Mücke einen Elefanten machen, uns wegen eines kleinen Fauxpas beim letzten Turnier nicht mehr in den Tennisclub trauen, noch immer einer verpassten Beförderung hinterhertrauern oder seit einigen Tagen unter rätselhaften Bauchschmerzen leiden. In Gedanken malen wir uns aus, dass uns dieses Mal ganz bestimmt eine Abmahnung droht, im Tennisclub vermutlich schon darauf spekuliert wird, wann wir endlich austreten, es bei dem Gehalt mit unserer Rente ganz schlecht aussehen wird oder dass wir sicherlich an Darmkrebs leiden.

Dahinter versteckt sich eine tiefliegende Angst vor dem Leben, die viele Ursachen haben kann. Das wirklich Gefährliche an diesen Mechanismen sind nicht die Gedanken per se, die schon belastend genug sein können. Unsere Vorstellungskraft hilft uns, diese Szenarien in immer mehr Details und leuchtenden Farben so realistisch zu gestalten, dass sie für unser Gehirn nicht mehr von der Wahrheit zu unterscheiden sind. Es glaubt, uns droht tatsächlich schreckliche Gefahr und es zieht alle Register, uns davor zu bewahren. Der Stress, der daraus resultiert, kann bis zu schwersten Herzproblemen führen. Wir erschrecken uns mit unseren hausgemachten Visionen also buchstäblich selbst zu Tode.

Bei meinen Recherchen bin ich auf einen Fall gestoßen, in dem ein Chefarzt bei der Visite mit den begleitenden Assistenten die Diagnose der Patientin als „einen klassischen Fall von TS" diskutierte. Der Chefarzt meinte damit die Abkürzung für „Trikuspidalklappenstenose", eine Herzklappenverengung. Für diese Krankheit wurde sie seit ihrer Kindheit behandelt. Die Patientin jedoch glaubte, dahinter verstecke sich der Begriff „Terminales Stadium" und sie sei nun nicht mehr zu retten. Beinahe augenblicklich verschlechterte sich ihr Gesundheitszustand, Wasser sammelte sich in ihrer Lunge. Obwohl der von den Assistenten herbeigerufene Chefarzt noch versuchte, den Irrtum aufzuklären, verstarb die Patientin tatsächlich noch am selben Tag.

Wenn du merkst, dass du dir beängstigende Szenarien bei eigentlich ganz normalen Alltagssituationen vorstellst, bist du in einem solchen Katastrophenszenario unterwegs. Frage dich in so einem Fall direkt: „Wer sagt das?" Gerne auch laut. Und dann stelle dir alternative Szenarien vor. Es wird etwas Übung brauchen, denn die positiven Bilder wollen wir zuerst nicht so recht glauben. Fang am besten mit weniger schlimmen Szenarien an, das geht einfacher. Allgemein gilt aber: Egal wodurch sie ausgelöst wurden, bei solch drastischen Szenarien sitzen wir immer purer Spekulation auf. Niemand kann in die Zukunft sehen. Statistisch gesehen ist es sogar wahrscheinlicher, dass alles gut ausgeht, sonst würde die Mehrheit aller Pendler ja morgens einen Unfall bauen, jeder in seinem Leben mindestens einmal entlassen werden oder niemand jemals den Menschen fürs Leben kennenlernen.

Mark Twain hat das einmal sehr schön formuliert, als er schrieb: „I've had a lot of worries in my life, most of which never happened."

GLAUBENSSÄTZE: DEN INNEREN PEINIGER SICHTBAR MACHEN UND ELIMINIEREN

Eine weitere Möglichkeit, dir klar zu werden, dass du gerade in negativen Denkweisen gefangen bist, ist deine innersten Glaubenssätze sichtbar zu machen und, idealerweise, zu widerlegen.

Das ist nicht ganz einfach, denn sie stehen ja nicht in einem Buch, das du aufschlagen und lesen kannst. Aber sie sind auch nicht so versteckt, dass du professionelle Unterstützung bräuchtest, um sie aufzudecken.

Mir hat etwas geholfen, das ich mir während der Zeit in der Reha angewöhnt hatte: Sogenannte „Morning Pages" schreiben. Das ist eigentlich eine Kreativmethode, die viele Schriftsteller verwenden, um den Kopf klar zu bekommen. Dahinter steckt eine wissenschaftlich fundierte Mentaltechnik. Das war mir allerdings damals egal - ich wollte nur das Gedankenkarussell in meinem Kopf ein wenig leiser drehen und die Methode war mir dafür empfohlen worden.

Und ich kann bestätigen: Es funktioniert. Es ist auch gar nicht schwer. Alles, was man braucht, sind drei leere Seiten in einem Notizblock, einen Stift und rund eine Viertelstunde Zeit. Sie heißen Morning Pages, weil man sie als allererstes am Morgen in Angriff nimmt, direkt nach dem Aufstehen, noch vor dem ersten Griff zum Handy und der ersten Tasse Kaffee. Der Kopf ist da noch halb im Schlaf und damit in einem Modus, wo er auch tieferliegende Gedanken freigibt.

Also Zettel parat gelegt, Stift gezückt und los geht es:

Einfach alles aufschreiben, was einem spontan so einfällt. Jeder Gedanke ist erlaubt. Schreibfehler sind egal, Schönschreiben ist auch nicht Pflicht. Nur aktives Nachdenken ist verboten. Es geht wirklich darum, so schnell wie möglich die Gedanken, die sich zeigen, zu Papier zu bringen. Und zwar auf genau drei DinA4-Seiten. Von Hand. Das hat etwas mit der Kopf-Hand-Koordination zu tun, die noch wirksamer ist, als wenn man es am Computer tippt (Für all diejenige, die einfach nicht mehr von Hand schreiben wollen: Am Computer wären es ungefähr 750 Wörter).

Sehr schnell wirst du Muster erkennen. Gedankenfetzen, die in eine ähnliche Richtung gehen. Sprachbilder und ganze Sätze, die sich wiederholen. Einmal abgesehen davon, dass es tatsächlich befreiend ist, gleich morgens eine Menge Gedankenmüll einfach loszuwerden, helfen dir diese Muster dabei, deinem eigenen inneren Kritiker und was er Dir so heimlich zuflüstert, schneller auf die Spur zu kommen. Und bist du dir der Denkmuster einmal bewusst, wirst du sie immer schneller und leichter auch bemerken, während sie in Echtzeit ablaufen.

Zu den häufigsten dieser negativen Denkmuster gehören Sätze wie:

- Immer habe ich Pech
- Keiner mag mich
- Ich werde immer übersehen
- Mir gelingt nichts
- Ich bin wertlos
- Ich bin hässlich
- Das Leben ist schwierig

- Ich fühle mich überfordert
- Meine Meinung ist unwichtig
- Ich darf meine Gefühle nicht zeigen
- Ich darf keine Fehler machen, sonst werde ich bestraft

WOHER KOMMEN DIESE GLAUBENSSÄTZE ÜBERHAUPT?

Das hat bei jedem Menschen individuelle Gründe. Sehr häufig gehen sie auf Erlebnisse ganz früh im Leben zurück. Diese Erlebnisse müssen nicht zwangsläufig dramatisch gewesen sein, aber sie wurden von uns in der Situation als schwierig, bedrohlich oder Angst machend bewertet. Dabei spielt das Umfeld, in dem man sich in dem Moment befand, eine große Rolle.

War man als Kind zum ersten Mal alleine zu Hause und sieht einen Schatten ums Haus gehen, kann das Ängste auslösen. Auch wenn es nur der Nachbar auf dem Heimweg vom Vereinsfest war. Immer dann, wenn man später in eine Situation kommt, die für das Gehirn vergleichbar sind, kommen die alten Ängste hoch. Selbst dann, wenn rational dafür gar kein Grund vorhanden ist. Als Erwachsener braucht man schließlich vor einem Schatten VOR dem Haus keine Angst zu haben, solange man selbst sicher IN dem Haus sitzt.

Sie können aber auch damit zusammenhängen, dass man in seinem Umfeld immer wieder mit ähnlichen Verhaltensmustern konfrontiert war. Wenn zum Beispiel Eltern oder andere nahe Bezugspersonen immer wieder bestimmte Glaubenssätze äußern und man als Heranwachsender diese ganz unbewusst verinnerlicht hat. Als Kind wusste man es schließlich nicht besser und glaubte ganz automatisch die Dinge, die einem die Eltern beibrachten. Das ist eigentlich auch eine gute Sache, so lange sie sich auf Werte und Verhaltensweisen beschränkt, die uns unsere Eltern aktiv, bewusst und in bester Absicht auf den Weg mitgeben wollen. Weniger hilfreich ist es, wenn wir uns schlechte Angewohnheiten abschauen, derer sie sich selbst gar nicht bewusst waren.

Ganz häufig stecken aber auch einfach Verhaltensmuster dahinter, die man sich ohne schlechte Erfahrungen angewöhnt hat. So ist es für viele Menschen einfacher, vom Schlimmsten auszugehen, weil sie so Enttäuschungen vermeiden können. „Wenn ich von vornherein davon ausgehe, dass ich scheitern werde, bin ich nicht so enttäuscht, wenn es tatsächlich passiert", meinen sie.

In dem Zusammenhang gibt es den Begriff der „selbsterfüllenden Prophezeiung". Es ist tatsächlich belegbar, dass Menschen, die fest an einen negativen Ausgang ihres Vorhabens glauben, unbewusst einiges dazu beitragen, dass er wirklich eintritt. Und schon fühlen sie sich wieder bestätigt, sie „haben es ja schon immer gesagt." Für diese Menschen fühlt es sich besser an, in ihrer Voraussage schlechter Ereignisse Recht zu behalten, als tatsächlich eine positive Erfahrung zu machen.

Allen gemein ist, dass sie auf der inneren Bewertung einer Situation beruhen. Vor allem dann, wenn es um etwas geht, dem man eine hohe Bedeutung zuweist. Wenn man gleichzeitig glaubt, von einem positiven Ausgang in existentiellen Fragen abhängig zu sein, fährt das Gedankenkarussell besonders schnell und intensiv im Kreis.

WENN DIE MASSE AN NEGATIVEN GEDANKEN UND GLAUBENSSÄTZEN DIE KONTROLLE ÜBERNIMMT...

Doch wie eingangs in diesem Kapitel erwähnt: Auch, wenn wir uns zum Teil solche Gedanken- und Verhaltensmuster unbewusst angewöhnt haben, niemand „zwingt" sie in unsere Köpfe, und unser Gehirn klammert sich auch nicht für alle Zeiten daran fest. Ganz im Gegenteil. Neueste Erkenntnisse der Neurologie zeigen, dass unser Gehirn nicht, wie früher angenommen, ab einem gewissen Alter nur noch an Leistung verliert. Es ist im Gegenteil bis ins hohe Alter in der Lage, neue Neuronen zu bilden, also weiterhin zu wachsen. Und damit auch neue Dinge zu lernen. Wichtig ist, dass wir diese Möglichkeit auch so gut wie möglich nutzen. Ich sage nicht, dass es so einfach ist, wie einen Lichtschalter aus- und anzuschalten. Der Weg kann lang und steinig sein. Du wirst auch immer wieder das Gefühl haben, dich im Kreis zu drehen. Der innere Kritiker, der uns die negativen Gedanken einflüstert, kann ausgesprochen hartnäckig sein und lässt sich nur sehr ungern hinauswerfen. Er kennt eine Menge Tricks.

Die Anstrengung lohnt sich aber. Denn wenn wir unseren negativen Glaubenssätzen freies Spiel lassen, fühlen wir uns im besten Fall oft schlecht. Wir vermeiden die Teilnahme an spannenden Veranstaltungen, weil wir glauben, nach dem letzten Fauxpas als Lachnummer zu gelten. Wir trauen uns nicht, den Chef auf unseren berechtigten Anspruch auf eine Lohnerhöhung anzusprechen oder verpassen viele andere gute Gelegenheiten, weil unsere Fantasie uns suggeriert, dass es sowieso nichts werden kann. Damit bleiben wir weit unter unseren Möglichkeiten, ohne dass es dafür einen rationalen Grund gäbe.

Im schlimmsten Fall aber werden wir krank. Wenn es auch seltener zu den erwähnten dramatischen physischen Folgen kommt, so leidet die Psyche massiv unter dem negativen mentalen Dauerbeschuss. Zu den häufigsten Folgen exzessiven negativen Denkens gehören Depressionen, die selbst in milder Form zu einem massiven Verlust an Lebensqualität führen können - und im schlimmsten Fall in dem Wunsch nach Freitod enden.

Hier möchte ich betonen, dass Depression keine einfache Sache ist. Auch wenn es stimmt, dass es zumeist die eigenen Gedanken

sind, die einen Menschen in eine tiefe Depression stürzen
können (es gibt durchaus auch körperliche und genetische Ursachen, die eine schwere Depression auslösen können). So ist es
keine Frage von: „Stell dir eben alles etwas sonniger vor und
schon geht es dir wieder gut."

Die Gedanken steuern eine Depression ja nicht direkt und unmittelbar. Dazwischen liegen eine Menge (chemischer) Prozesse im
Gehirn und im Körper. Die Stresshormone sorgen dafür, dass
Glücks- und Wohlfühlhormone (wie Serotonin und Dopamin)
nicht ausreichend vom Gehirn aufgenommen werden können.
Auch Hormone wie Oxytocin, die unser soziales Zusammen-
leben steuern. Die uns überhaupt in die Lage versetzen, Stim-
mungen bei anderen Menschen wahrzunehmen, uns in sie
„hineinfühlen" und eine echte, emotionale Bindung mit ihnen
eingehen zu können, werden durch den Dauerstress der Negativ-
Szenarien unterdrückt. Aber der Prozess fängt mit den Gedanken
an und über diese haben wir selbst Einfluss. Das kann eine sehr
mächtige Stellschraube sein, wenn wir uns ernsthaft darauf
einlassen.

Als ich nach meinem Unfall aus dem Koma erwachte, war ich
froh, relativ glimpflich davon gekommen zu sein. Ich erschrak
wohl, als ich merkte, dass meine Beine nicht „funktionierten".
Die Erklärung der Ärzte, dass mein Rückenmark nicht dauerhaft
geschädigt war und ich aller Voraussicht nach wieder völlig
gesund werden würde, klang plausibel und glaubhaft. Ich wusste
von Ärzten in meinen Freundeskreis, dass eine solche Aussage
nie leichtfertig getroffen wird.

Und dennoch ging es mir vom Tag des Aufwachens an immer
schlechter, nicht besser. Zuerst hatte ich keinen Appetit mehr.
Dann war ich dauernd müde und konnte mich kaum auf meine
Lektüre konzentrieren. Richtig schlafen konnte ich aber auch
nicht. Ich hatte überhaupt Schwierigkeiten einzuschlafen und

wachte oft mitten in der Nacht auf. In meinem Kopf kreisten schwere Gedanken darüber, wie es jetzt weitergehen sollte. Aus dem anfänglichen Optimismus, den ich nach den Gesprächen mit den Ärzten noch empfunden hatte, wurde bald die innere Gewissheit, dass man mich nur aufmuntern wollte und ich in Wirklichkeit von nun an auf den Rollstuhl angewiesen sein würde.

Aus dem Gedanken wurde die Sorge wie ich unser altes Haus behindertengerecht umbauen sollte. Ich lebte im ersten Stock und das Treppenhaus war zu eng für einen Treppenlift oder einen Aufzug. Von den Türen ganz zu schweigen. Das Haus stand unter Denkmalschutz und wir würden kaum die Genehmigung erhalten, die Türen zu verbreitern. Dann fragte ich mich, wie ich jemals wieder Autofahren sollte. Ohne Auto würde ich mit Sicherheit meine Arbeitsstelle verlieren. Dann wäre auch das Haus weg, denn die Hypothek war noch nicht abbezahlt. Mehr als einmal wachte ich schweißgebadet und mit Herzrasen mitten in der Nacht auf. Und mit der bangen Frage, was nur aus mir und meiner Familie werden sollte.

Wie bereits erwähnt, war nichts davon eine reale Gefahr. Mein Arbeitgeber hatte sich schnell gemeldet und angekündigt, mit mir und für mich eine Lösung zu finden. Von einer dauerhaften Bewegungseinschränkung oder gar einem Leben im Rollstuhl war nicht auszugehen. Und doch hatte mein permanentes Gedankenkarussell zur Folge, dass ich am liebsten für immer in meinem Krankenbett liegen geblieben wäre. Ich konnte mich zu gar nichts mehr aufraffen. Auch die kleinsten Dinge erschienen mir sinnlos und die Physiotherapie kostete mich unendlich viel Kraft. Viel mehr Kraft, als rein vom Krankheitsbild und meinem sonstigen körperlichen Zustand notwendig gewesen wäre.

Geändert hat sich das erst, als meine Physiotherapeutin mich der Trauergruppe vorgestellt hat. Die Geschichten der anderen zu hören, aber vor allem zu realisieren, dass es möglicherweise eine ganz andere Sicht der Dinge geben könnte, weckte eine kleine Flamme inneren Widerstands in mir. Ein Licht in der nebligen, grauen Leere in meinem Inneren, die bis dahin alle Kraft aus mir herausgesaugt hatte. Es war von da zwar noch ein weiter Weg, aber ich habe tatsächlich nicht viel mehr gemacht, als an meiner inneren Einstellung zu arbeiten. Das allerdings sehr intensiv, im Gespräch Freunden, Familie und den Mitgliedern der Trauergruppe, denn ganz alleine ist es kaum zu bewerkstelligen.

Ich hatte damit Glück, das weiß ich heute. Und ich möchte betonen, dass die Beschäftigung mit den eigenen Gedankenmustern nicht unbedingt eine Therapie ersetzt. Wenn man wirklich sehr tief in einer Depression steckt, eine Angststörung oder sogar Zwangsstörung entwickelt hat, sollte absolut der Rat eines Fachmanns gesucht werden. In den meisten Fällen wird ein guter Therapeut auch vor allem mit und an den negativen Denkmustern arbeiten.

Fazit: Ich habe es bereits ein paar Mal angesprochen - die meisten dieser Glaubenssätze und Denkmuster haben etwas mit einem „inneren Kritiker" zu tun, der bisweilen sehr hart mit uns ins Gericht geht. Woher er kommt und wie man mit ihm umgehen sollte, darum wird es im nächsten Kapitel gehen.

4
WOHER KOMMT DER KRITIKER
IN UNS?

„Der Mensch ist das einzige Lebewesen, das von sich eine
schlechte Meinung hat."

— GEORGE BERNHARD SHAW

Wir lernen schon als kleine Kinder, dass es falsch ist, zu anderen gemein zu sein und zum Beispiel die Schwester an den Haaren zu ziehen. Warum also glauben wir, dass es in Ordnung ist, uns permanent selbst die schlimmsten Beschimpfungen an den Kopf zu werfen? Wenn der innere Kritiker in uns die Stimme erhebt, dann auf eine Weise, die uns Freunden oder sogar Fremden gegenüber niemals in den Sinn kommen würde.

Und das passiert beileibe nicht nur Menschen, die erfolglos durchs Leben gehen, ganz im Gegenteil. Auch wer beruflich hocherfolgreich ist, kann sich selbst unaufhörlich kritisieren und glauben, dass er oder sie eigentlich nichts kann. Und dass jeden

Moment jemand aus dem persönlichen Umfeld darauf kommen wird.

Es gibt zahlreiche Gründe, warum im Laufe unseres Lebens dieser „innere Kritiker" in uns entsteht. Meistens geht es auf Erfahrungen in frühester Kindheit oder Jugend zurück. Vielleicht gab es da jemanden, zu dem wir aufgeblickt haben. Dieser Mensch hat uns in einem Moment größter Verletzlichkeit mit Worten weiteren Schaden zugefügt. Eventuell haben wir etwas kaputt gemacht, wir haben in einer Prüfung versagt oder wir haben ein Tennis-Turnier vergeigt. Anstatt uns zu trösten und zu helfen, das angeknackste Selbstbewusstsein wieder aufzurichten, hat dieser Mensch uns vielleicht ausgelacht und dann in herablassender oder verletzender Weise wenig hilfreiche Dinge an den Kopf geworfen, wie zum Beispiel: „So wird aus dir nie etwas werden", oder: „Das war ja klar, dass das wieder dir passieren musste."

Kommt dir das bekannt vor? Oder erinnert dich die innere Stimme, die dich so unablässig kritisiert, gar an jemanden aus deiner Vergangenheit?

Aber auch die Natur spielt uns hier - wie bereits mehrfach erwähnt - einen Streich. Wir haben uns als Spezies über Millionen von Jahren durch sehr gefährliche Zeiten hindurch entwickelt. Sicherheit gab es nicht. Weder die Sicherheit, genug essen zu finden, noch die Sicherheit, einen Schlafplatz für die Nacht zu finden, in dem man nicht erfriert oder selbst zum potenziellen Frühstück für große Raubtiere wird. Diese Erfahrungen haben uns darauf konditioniert, unbewusst negativen oder bedrohlichen Situationen mehr Beachtung zu schenken.

In verschiedenen Studien wurde nachgewiesen, dass wir in einer großen Menschenmenge sehr viel schneller Menschen mit ängstlichem oder ärgerlichem Gesichtsausdruck erkennen, als jene, die glücklich und zufrieden schauen. Und als ob das nicht schon genug wäre: Wir beschäftigen uns auch länger damit. Denn für unser derart konditioniertes Unterbewusstsein geht es in erster Linie darum, Gefahren entweder zu vermeiden oder ihnen mit aller Kraft, die wir haben, begegnen zu können.

So fand der Psychologe John Gottmann heraus, dass man für jede negative Interaktion in einer Beziehung vier positive braucht, damit sie glücklich und gesund bleibt. Ein böser Krach hallt viel länger in uns nach, als ein schöner Abend im Kino oder das tolle Essen mit Freunden. Wenn wir jedoch über die Woche verteilt 4-mal eine schöne Zeit mit unserem Partner hatten, fällt der Disput am Wochenende gar nicht so sehr ins Gewicht. Wir grübeln weniger darüber nach.

Im Berufsleben gilt das genauso. Das oben erwähnte Prinzip liegt zum Beispiel Algorithmen zugrunde, die der Auswertung von Mitarbeiterbefragungen hinterlegt werden. Wenn in einem Team aus 10 Mitarbeitern 7 sagen, dass sie mit den Arbeitsbedingungen zufrieden sind, ist das trotz des augenscheinlich positiven Ausgangs der Befragung ein kritisches Ergebnis. Ein Anteil von 30 Prozent auf der „kritischen" Seite reicht, um die „positive Seite" umzustimmen.

Wenn du nun das Gefühl hast, dass dir dieses Thema in letzter Zeit häufiger unterkommt und damit offenbar mehr ein Problem unserer Zeit ist, hast du nicht ganz unrecht. Früher hatten die Menschen vor allem mit ihrem eigenen Umfeld zu tun und waren Problemen und Umständen ausgesetzt, über die sie ein gewisses Maß an Kontrolle hatten. Und die sie auch von der tatsächlichen Gefahr her einschätzen konnten.

Heute werden wir über Social Media, Nachrichten, unseren Mobiltelefonen - einfach der gesamten vernetzten Welt - mit schlechten Nachrichten zugepflastert. Dadurch bekommt unser Unterbewusstsein das Gefühl, permanent von außerordentlich großer Gefahr umgeben zu sein. Die Bilder vom Erdbeben in

Japan und der Überschwemmung in Bangladesch, die Massen-
schießerei in Florida: All das wirkt auf unser Unterbewusstsein.
Es kann auch nicht unterscheiden, ob diese Gefahr tatsächlich
vor unserer Haustür droht oder so weit weg ist, dass wir uns
eigentlich gar nicht damit beschäftigen müssten. Schlimmer
noch: Die Bilder suggerieren, dass nicht nur die Welt gefährlich,
sondern die Menschheit um uns herum durch und durch böse ist.
Und noch ein weiterer Faktor spielt hier mit hinein. Wir werden
ja nicht nur permanent mit schlechten Nachrichten bombardiert,
sondern uns wird gleichzeitig ein völlig unerreichbarer Standard
von „das ist richtig und erstrebenswert" suggeriert. Es ist fast
immer ein neues Auto der Luxusklasse, mit dem die glückliche
Familie in der Werbung zum Picknick mit Freunden fährt. Und
selbige Familie ist immer jung, gesund, gertenschlank und
perfekt und sauber gekleidet. Wir bekommen unbewusst gesagt,
dass Glück in den Dingen liegt, die es da zu kaufen gibt. Also
kommt zum Druck, im Job nur keinen Fehler zu machen, auch
noch der Druck, immer mehr Geld verdienen zu müssen, damit
man überhaupt eine Chance hat, genug „Glück" kaufen zu
können.

Das ist so lange kein Problem, wie es uns nicht permanent die
Laune verdirbt. Problematisch wird es dann, wenn unsere
Lebensqualität unter dem inneren Kritiker leidet. Wenn wir uns
tatsächlich häufig tief unglücklich fühlen, keinen Antrieb mehr
verspüren selbst auf Dinge, die uns früher immer Freude
gemacht haben. Und wir eine immer pessimistischere Sicht auf
die Welt entwickeln - so sehr, dass sich irgendwann Freunde und
Kollegen sagen: „Du bist immer so negativ, du ziehst mich
richtig runter", um sich dann mehr und mehr abzuwenden.

Ich selbst war schon vor meinem Unfall an diesem Punkt ange-
kommen, aber hatte es nicht bemerkt. Obwohl es genug Anzei-
chen gab.

So hatte ich mich zuletzt immer häufiger wegen Kleinigkeiten mit meiner Frau gestritten. Nicht nur an dem Tag, an dem der Unfall geschah. Im Rückblick wirkt es so, als hätte ich eine Art Farbenblindheit für die schönen Momente (oder eher dagegen) entwickelt. Und nahm nur noch die stressigen, schlecht gelaunten, unguten Situationen zwischen uns beiden wahr. Anstatt mich mit ihr über das herrliche Wetter und die sehr gelungenen Fotos zu freuen, dachte ich nur daran, dass wir nun zu spät kommen würden. Zu einer Party mit zig Leuten und ohne Verpflichtung, wirklich um genau 18 Uhr vor Ort sein zu müssen, da dank Buffet niemand mit dem Essen auf uns würde warten müssen.

Gut, die Party war ein Thema für sich. Wenn ich ganz ehrlich war, wollte ich eigentlich nicht wirklich hin. Das tolle Haus meiner Freunde mit der sensationellen Aussicht hoch oben auf dem Berg, die nach allen Regeln der Kunst eingerichtete Küche und der von einem Künstler gestaltete Kachelofen verursachten wahre Minderwertigkeitskomplexe in mir. Nicht, dass meine Frau sich jemals beschwert hätte oder ich tatsächlich selbst so ein großes Haus wollte. Dennoch erinnerte mich all das zu sehr daran, was ich selbst nicht geschafft hatte. Wenn ich dort war, fühlte ich mich richtiggehend als Versager.

Das hatte zuletzt auch auf der Arbeit für Probleme gesorgt - indirekt. Ich wollte endlich weiterkommen, hoffte auf eine Beförderung oder wenigstens eine Gehaltserhöhung, um auch einmal mit einer „Erfolgsgeschichte" aufwarten zu können. Verbissen hängte ich mich in meine Projekte, die Kollegen fingen an, sich zu beschweren - und auf die (berechtigten) Hinweise meines Chefs reagierte ich ausgesprochen dünnhäutig und alles andere als konstruktiv.

So gesehen muss ich fast „dankbar" sein, dass der Unfall dazwischenkam. Hätte ich so weitergemacht wie zuvor, wäre mit Sicherheit keine Beförderung herausgekommen, sondern eher eine Abmahnung oder, längerfristig gesehen, sogar eine Kündigung. Von dem sehr angespannten Verhältnis zu meinen Kollegen ganz zu schweigen, das jeden Arbeitstag zunehmend schwierig gestaltete.

Erst in den Trauerrunden und auch in späteren Gesprächen mit Freunden wurde mir überhaupt bewusst, wie negativ ich eigentlich den ganzen Tag unterwegs war. Was mich jedoch wirklich schockierte, war, zu erkennen, wie normal das zu sein schien, angesichts vieler vergleichbarer Geschichten der anderen Teilnehmer in den Gesprächsrunden.

Wenn du dich nun also regelmäßig dabei ertappst, dass du dich geistig mehr mit den unangenehmen Dingen des Lebens beschäftigst, bist du damit nicht allein. Das ist prinzipiell auch weder falsch noch schlecht. Aber du kannst etwas dagegen tun. Was genau, darum wird es im nächsten Kapitel gehen.

5
DER AUSSTIEG AUS DEM NEGATIVEN GEDANKENKARUSSELL - 10 EFFEKTIVE METHODEN

„Du wirst morgen sein, was du heute denkst."

— BUDDHA

*D*er Dalai Lama hat einmal gesagt, dass es im Leben nur zwei Arten von Problemen gibt: Diejenigen, die man angehen und lösen kann. Und solche, auf die man keinerlei Einfluss hat. Im ersteren Fall gibt es eine Lösung, die muss man nur finden - also gibt es keinen Grund, sich Sorgen zu machen. Und im letzteren Fall kann man selbst schlicht nichts tun, also helfen auch die Sorgen nicht weiter. Klingt logisch, oder? Leider ist es in der Realität nicht so einfach, die negativen Gedanken abzustellen. Wir stellen dir hier zehn Übungen vor, die definitiv dabei helfen.

1. Negative Gedanken durch Aufschreiben loslassen

Das ist eine der mächtigsten Übungen überhaupt und dabei so einfach umzusetzen. Und fast jeder, den ich kenne, hat damit dieselben Erfahrung gemacht: Ganz egal, wie angespannt du beim Gedanken an eine bestimmte Situation bist, schon nach wenigen Augenblicken wirst du dich mit dieser Übung besser fühlen.

Ursprünglich ist es eine Kreativitäts-Methode, die vor allem Schriftsteller verwenden. Und das ergibt auch Sinn. Wenn wir gestresst, ängstlich, angespannt oder schlichtweg „down" sind, sorgen die Stresshormone in unserem System dafür, dass der Teil des Gehirns, der sich mit Überlebensinstinkten auskennt, die Oberhand bekommt. Wie bereits mehrfach erklärt, sind das Flucht- oder Angriffsreflexe, oder, wenn beides nicht möglich oder erfolgversprechend erscheint, der Totstell-Reflex. Vielleicht hast du das schon einmal in der Natur beobachtet, Eidechsen machen das zum Beispiel. Wenn du eine Eidechse an einem kühlen Tag aufspürst, ist sie zu träge, um schnell weglaufen zu können. Du bist aber auch definitiv zu groß, als dass sie dich angreifen und in die Flucht schlagen könnte. Also bleibt sie stocksteif liegen und hofft, dass du sie für tot hältst. In der Welt der wilden Tiere nämlich ist ein totes Beutetier nicht unbedingt ein gutes Beutetier - die wenigsten Raubtiere sind Aasfresser. Tot bedeutet in dieser Welt: uninteressant. Wenn du die Eidechse nun genau anschaust (bitte nicht anfassen, das stresst das arme Tierchen noch zusätzlich), wird sie tatsächlich wie tot wirken. Wenn du dich nun aber ein paar Meter wegbewegst und ganz still sitzen bleibst, wird sie nach wenigen Augenblicken wie durch ein Wunder wieder zum Leben erwachen und davonflitzen.

Was für Eidechsen im Zweifelsfall lebensrettend sein kann (es sei denn, der überraschende Eindringling ist ein großer Traktor), hilft uns Menschen in Zeiten von mentalem Stress überhaupt nicht. Nicht nur, dass Totstellen uns weder bei Prüfungen noch bei Aufgaben in der Firma hilft (den Chef beißen oder so schnell wie möglich nach Hause rennen natürlich auch nicht), ist in solchen Situationen leider der Teil unseres Gehirns blockiert, der uns hilft, rationale und kreative Lösungen für unser Problem zu finden. Durch die Stresshormone ist es quasi auf Stand-by-Betrieb geschaltet.

Und hier kommt nun diese Übung ins Spiel. Du führst damit deine Instinkte quasi in die Irre. Indem du alles aufschreibst, was dir gerade zu deinem gefühlten Problem in den Sinn kommt, suggerierst du deinem Stresszentrum, dass du dich um das Problem kümmerst. Das wirkt so beruhigend, dass die Menge an ausgeschütteten Stresshormonen sinkt. Gleichzeitig sorgt die Schreibtätigkeit dafür, dass der für komplexe Aufgaben zuständige Teil des Gehirns wieder eingeschaltet werden muss. Und der liegt nicht im Reptiliengehirn. Es gibt eine medizinisch genauere Erläuterung dazu, als ich dir an dieser Stelle geben will. Glaub mir, das würde hier zu weit führen und ist auch für die Durchführung nicht relevant. Wichtig ist jedoch: Es funktioniert!

Du wirst schon mit den ersten Sätzen merken, wie die Anspannung sinkt. Du wirst dich tatsächlich deutlich besser fühlen. Obwohl das Problem, das dich so in Angst versetzt hat, weiterhin existiert. Aber es geht noch weiter. Je länger du schreibst, desto mehr wirst du merken, wie du auf einmal viel klarer siehst. Dir werden tatsächlich Ideen kommen, was du zur Lösung tun könntest. Das leidige Gedankenkarussell fährt immer langsamer und auf einmal kommen wieder klare, kreative, lösungsorientierte Gedanken „zu Wort".

Und so geht die Übung:

Nimm ein Blatt Papier und einen Stift. Ja, genau, ganz altmodisch Papier und Stift. Die Wirksamkeit hat auch etwas mit der tatsächlichen Bewegung zu tun (wie bereits erwähnt). Und dann fang einfach an zu schreiben. Alles, was dich gerade bedrückt. Ungefiltert und ohne Rücksicht auf Rechtschreibung, Schreibstil oder Schönschrift. Greif die Gedanken auf und lasse sie aufs Papier fließen, so schnell wie möglich, aber auch ohne dich zusätzlich anzutreiben. Es gibt hier keinen Geschwindigkeitsrekord zu brechen.

Du wirst sehen, schon nach wenigen Minuten wirst du dich deutlich entspannter fühlen und das Gedankenkarussell in deinem Kopf kommt zur Ruhe. Leg dann das Blatt zur Seite und hole es erst nach 3 bis 4 Tagen wieder heraus. Lies dir durch, was du aufgeschrieben hast. Du wirst sehen, dass das, was dich da so massiv beschäftigt hat, auf einmal gar nicht mehr so schlimm und bedrohlich wirkt - im Gegenteil. Dir werden vermutlich spontan Lösungsansätze für einzelne Probleme einfallen. Und du wirst bemerken, dass dich die meisten dieser Gedanken danach auch wirklich in Ruhe lassen oder zumindest nicht mehr so in Stress versetzen.

2. Gefühlskompass

Immer wenn von einem Kompass die Rede ist, geht es um Orientierung. Das ist auch hier der Fall. Der Gefühlskompass hilft uns, die hinter schlechten Gefühlen steckenden Gedanken einfacher zu identifizieren - und umgekehrt.

An manchen Tagen ist unser Kopfkino so aktiv, dass es sehr schwer ist, einen einzigen klaren Gedanken zu fassen. In so einer Situation schafft man es fast gar nicht, sich zu beruhigen oder darüber klar zu werden, was denn der wirkliche Auslöser für die innere Unruhe ist.

In so einer Situation kann ein Gefühlskompass sehr hilfreich sein. Hier gibt es eine Reihe von Varianten, die auch alle ähnlich aufgebaut sind. Im Literaturverzeichnis habe ich dir eine Sammlung dieser Varianten aufgelistet. Schaue sie dir in Ruhe an und suche dir deinen Favoriten heraus.

Im Prinzip basieren die Ansätze aller Kompass-Varianten auf zwei Annahmen:

1.) Negative Gedanken lösen Emotionen aus, die zum Teil sehr starke körperliche Symptome zur Folge haben können.

2.) Negative Gefühle sind nicht dazu da, um uns zu quälen. Im Laufe der Evolution hat sich dieser „Mechanismus" bewährt, um uns als Individuum vor gefährlichen Situationen zu bewahren und damit unseren Beitrag zum Erhalt der Spezies Mensch zu leisten. Sie haben also einen positiven Sinn und Zweck, wollen uns dazu bringen, aktiv zu werden und sie lassen sich auf einige wenige „Grundgefühle" reduzieren:

- Ärger/Wut
- Angst/Furcht
- Scham/Schuld
- Trauer

Manche Modelle listen hier noch weitere grundlegende Emotionen auf.

Wenn wir Angst oder Furcht verspüren, erkennt unser Unterbewusstsein eine Gefahr für uns und möchte, dass wir dieser entkommen. Weglaufen, und wenn das nicht geht, Totstellen. Das Gefühl der Angst ist fast immer „lähmend" oder höchstens mit dem Impuls verbunden, so schnell und weit wie möglich wegzulaufen.

Ähnlich ist das bei Wut und Ärger. Dahinter steckt dann keine unmittelbare Gefahr für unser Leben. Hier hat unser Unterbewusstsein einen Angriff auf unser emotionales Wohlbefinden wahrgenommen. Unsere inneren Grenzen wurden verletzt. Jemand hat etwas gesagt oder getan, dass uns in einem sozialen Kontext angreift und unsere Stellung innerhalb unseres „Rudels" infrage stellt. Wir sind „frustriert", fühlen den Ärger in uns aufsteigen, uns wird heiß. Wir greifen an und verteidigen so unsere Stellung innerhalb der Gruppe. Heute spielt das keine wirklich wichtige Rolle mehr, denn schon lange ist es nicht mehr nur der Stärkere, der überlebt. Aber unsere Instinkte laufen noch immer auf dem Betriebssystem, das wir seit der Steinzeit mit uns herumschleppen.

Glücklicherweise gibt es als Regulativ die Scham und das Gefühl der Schuld. Wenn wir im ersten Impuls der Frustbekämpfung übers Ziel hinausgeschossen sind und unsere sozialen Bindungen in Gefahr gebracht haben, meldet sich das „schlechte Gewissen". Es treibt uns dazu, die Dinge wieder in Ordnung zu bringen.

Trauer hilft uns dabei, schlimme Erfahrungen zu verarbeiten. Aber dann auch loslassen zu können. Für uns Menschen war es immer schon wichtig, uns nach dem Verlust eines Partners einem neuen Partner zuwenden zu können. Um den Fortbestand der Spezies zu garantieren. Auch, wenn das heute eher kein Problem mehr ist, angesichts der vielen Milliarden Menschen auf dem Planeten. Die Trauer dient aber auch der „Emotionshygiene". Wenn wir Trauer zulassen und die Auslöser dahinter wirklich verarbeiten, geht es uns schneller wieder gut.

Die verschiedenen Modelle des Gefühlskompass helfen uns dabei, genau diesen Zusammenhängen auf die Spur zu kommen, in dem sie uns mit folgenden Fragen leiten:

- Was genau spüre ich im Moment? (Manche Kompassmodelle fragen auch: „Wo im Körper spüre ich gerade etwas?")

- Was steckt dahinter? Was war der mögliche Auslöser?
- Welche Gedanken gehen mir dabei konkret durch den Kopf?

Um es an einem Beispiel zu erläutern: Als meine Frau an dem Tag der Feier so spät aus dem Wald zurückkam, war ich richtig sauer auf sie. Damals kannte ich den Gefühlskompass noch nicht, aber es hätte mir in dem Moment vermutlich auch nicht geholfen. Ich fühlte mich schließlich im Recht und wollte einfach wütend sein.

Aber angenommen, ich hätte reifer reagiert und ein Interesse daran gehabt, die Party nicht für uns beide zu verderben. Dann wäre ein richtiger Ansatz gewesen, zu fragen:

- Was fühle ich gerade?

Antwort: „Ich bin ausgesprochen frustriert. Ich fühle Ärger in mir. Mein Kiefer ist angespannt, meine Faust ist geballt…"

- Warum? Was ist der Auslöser? Was ist passiert?

„Meine Frau ist sehr spät von einem Spaziergang im Wald zurückgekommen."

- Welche Gedanken nehme ich in dem Zusammenhang wahr?

„Wir werden es nicht pünktlich zur Party schaffen. Wir werden auf alle Fälle zu spät kommen. Was werden meine Kollegen denken (die auch eingeladen waren)? Sie müssen glauben, dass ich nie pünktlich sein kann. Ich muss auf meinen Ruf in der Firma achten, ich kann mir keinen Fehltritt mehr leisten. Ich verliere meine Glaubwürdigkeit, wenn wir nicht pünktlich da sind. Was sollen sie mir noch zutrauen, wenn ich nicht einmal so eine einfache Sache hinbekomme. Wenn ich mich noch nicht einmal zu Hause durchsetzen kann…"

Du siehst, im Prinzip hatte mein Ärger gar nichts damit zu tun, dass meine Frau etwas später heimgekommen war. Sondern nur mit fiktiven Befürchtungen dessen, was andere möglicherweise denken, WENN wir tatsächlich zu spät kommen.

Egal, ob du sehr starke Emotionen nicht in den Griff bekommst oder die Gedanken so wild durcheinanderfliegen, dass du keinen einzigen davon richtig fassen kannst - das Modell funktioniert in beide Richtungen. Das Ergebnis der Übung ist immer Klarheit. Und damit die Möglichkeit, zielgerichtet aktiv zu werden. Zum Beispiel mit einer der anderen Methoden hier in diesem Kapitel.

3. Gefühls-ABC notieren

Im Laufe unseres Lebens lernt unser Gehirn, bestimmte Erlebnisse mit bestimmten Gefühlen in Verbindung zu bringen. Es spult das Programm dann zunehmend automatisch und für uns unbewusst ab. Bei einfachen Routinen wie dem Einschalten der Kaffeemaschine am Morgen ist das ja hilfreich. Nicht gut ist es jedoch, wenn wir als Kinder einmal einen Busunfall beobachtet haben und danach immer mit Panik auf rote Gelenkbusse reagieren. Während dieses Beispiel einfach nachzuvollziehen ist und damit auch konfrontiert werden kann, laufen in unserem Gehirn täglich Tausende solcher Auslöser ab, die wir gar nicht als solche wahrnehmen. Erst, wenn wir uns plötzlich wieder in einem endlosen Gedankenkarussell wiederfinden und es nicht stoppen können, sollten wir genauer hinsehen.

Auch hier ist es hilfreich, das schriftlich zu machen. Zum einen wirst du schon gemerkt haben, dass es dir schwerfällt, dich zu konzentrieren, wenn das Gedankenkarussell kreist. Zum anderen aktiviert, wie bereits erwähnt, der Akt des Schreibens einen Teil des Gehirns, der uns hilft, wieder logisch und praktisch zu denken - ganz grob formuliert.

In Kapitel 2 sind wir schon einmal auf das Gefühls-ABC eingegangen. Hier möchte ich jetzt darlegen, warum es nicht nur ein Problem, sondern auch Teil der Lösung sein kann.

Wenn wir auf bestimmte Situationen mit sehr negativen Gedanken reagieren, ist wieder so ein unbewusstes Muster am Werk. Dabei glaubt unser Gehirn, eine bestimmte Situation wiederzukennen und verpasst ihr die Bewertung „Gefahr". Das Notfall-Zentrum für Flucht, Angriff oder Totstellen wird aktiviert. Aber auch wenn sich das „richtig" anfühlt und wir in dem Moment glauben, dass die Situation tatsächlich und wahrhaftig so ist, wie wir uns fühlen, muss das nicht so sein.

Diese Übung ist auf eine langfristige Verbesserung angelegt und benötigt etwas Zeit, sowie Hingabe. Wenn du bereit bist, das zu leisten, wirst du allerdings mit einer deutlichen Verbesserung deiner negativen Denkmuster belohnt.

Wenn du also wieder einmal nach einem unangenehmen Erlebnis in einer Endlosschleife negativer Gedanken gefangen bist, nimm einen Stift und ein Blatt Papier und fang an, aufzuschreiben:

- A. Die tatsächliche Situation:

Stell dir vor, du wärst eine Kamera. Du kannst nur aufzeichnen, was eine Kamera auch sehen würde. Beschreib die Situation, wie sie sich den Fakten nach darstellt. Also zum Beispiel:

Wer war anwesend?

Wie war das Wetter?

Wann hat die Situation sich abgespielt?

Wie lange hat es gedauert?

Warum warst du dort?

Und so weiter...

Es sollten nur neutrale Antworten kommen wie:

„Herr und Frau XXX" oder „Die Mitarbeiter der Abteilung XYZ außer Herrn ZZZ"

„Es hat geregnet, als wir anfingen."

„Beginn war um 10 Uhr morgens, es ging bis kurz nach 12."

„Es war eine Geburtstagsfeier, ein Elternabend, eine Sitzung der Abteilungsleiter, ..."

„Ich war mit meiner Tochter dort, ich war eingeladen, ich sollte einen Vortrag halten, ..."

- B. Deine Gedanken dazu:

Wenn das „Kamerabild" so komplett beschrieben ist, dass jemand, der nicht da war, sich die Situation auch vorstellen könnte, dann schreibe deine Bewertung auf. Was hast du gedacht? War das Ereignis positiv oder negativ? Traurig, bedrohlich, frustrierend - oder am Ende gar neutral? Es ist hier nicht nötig, nach Gründen für die Bewertung zu suchen. Schreibe einfach alle Gedanken auf, die dir dazu (noch) einfallen.

- C. Wie hast du dich gefühlt und verhalten?

Versuche danach, dich an die Situation zu erinnern. Was hast du gefühlt? Und, ganz wichtig - wo hast du es gefühlt? Warst du zum Beispiel angespannt? Hattest du einen Knoten im Bauch? Einen Kloß im Hals? Einen trockenen Mund? Hattest du feuchte Hände? Beschreibe deine Gefühle, so gut es geht, in jedem

Detail. Und dann schreibe auf, was du in der Situation genau getan hast. Wie hast du dich verhalten? Hast du dich in der Menge versteckt? Hast du mit jemandem gestritten? Oder vor Frust das Buffet leer gegessen?

Wenn du mit den Punkten unter ABC fertig bist, kommt ein ganz wichtiger Teil. Stell dir nun vor, du wärst Anwalt und müsstest die Argumente der Gegenseite zerpflücken. Du suchst also nach dem Beweis des Gegenteils - und zwar, was deine Gedanken anbelangt. Die Situation hast du ja quasi fotografiert, daran gibt es nichts zu rütteln. Die Gefühle waren, wie wir schon mehrfach ausgeführt haben, ein Ergebnis deiner Gedanken - also setzen wir genau da an.

Solltest du unter B mehr als einen Hauptgedanken identifiziert haben, mache bitte die folgende Übung für jeden davon einzeln und hintereinander. Das ist wichtig, um langfristig in deinem Gehirn ein neues, positiveres „Muster" zu schaffen. Je klarer der Zusammenhang wird, desto einfacher kann dein Gehirn lernen, dass für Situation A auch eine ganz andere Bewertung (unter B) und damit auch ganz andere Gefühle (unter C) gelten können.

Stell dir dazu die folgenden beiden Fragen:

- 1. Entspricht der Gedanke wirklich den Tatsachen?

Sei hier wirklich bewusst kritisch. War der Abend wirklich ein kompletter Reinfall? War der neue Kollege tatsächlich herablassend? Woran hast du das festgemacht? Antworte hier bitte nicht mit einem einfachen „Ja" oder „Nein".

- 2. Hilft dir der Gedanke, dich so zu fühlen und zu verhalten, wie du das möchtest?

Auch hier: Nicht einfach mit „Ja" oder „Nein" antworten. Sei kritisch und denke vor allem darüber nach, wie du dich eigentlich in der Situation fühlen und verhalten möchtest.

Es kann sein, dass du die Situation ganz richtig bewertet hast. Dass du allen Grund hattest, eingeschnappt, wütend, frustriert oder was auch immer zu sein. In dem Fall sei fair mit dir selbst und gestehe dir zu, dass du auch nur ein Mensch bist, und vergib dir deinen Gefühlsausbruch (falls du dich deswegen schlecht fühlen solltest).

Es ist jedoch sehr viel wahrscheinlicher, dass deine Gedanken nicht den Tatsachen entsprochen haben und auch nicht hilfreich waren. Wenn dem so ist, dann beantworte bitte die folgende Frage:

Wie musst du denken, um dich so zu fühlen und zu verhalten, wie du das möchtest?

Schreibe auch diese Gedanken auf. So, als wären es Hausaufgaben oder der Umsetzungsplan für ein wichtiges Projekt.

Damit sich aus dieser Übung langfristig eine Veränderung ergibt, ist es wichtig, den automatisch aufkommenden negativen Gedanken die von dir formulierten, positiveren Gedanken so lange konsequent entgegenzustellen, bis die negativen Gedanken tatsächlich nach und nach weniger werden. Das geht nicht über Nacht. Aber dein Gehirn tut, was du ihm sagst. Mit jeder Runde, in der du dich selbst bei alten Denkmustern ertappst, diese dann mental „anhältst" und auf das neue Programm umschaltest, wird es diese neuen Regeln immer besser beherzigen.

Die Übung klingt schwierig und anstrengend, ist es aber nicht. Denn schon durch das Aufschreiben der Situation, der Bewertung UND der Reflexion darüber, ob deine gefühlsmäßige Reaktion richtig oder falsch ist, hast du das bisherige Programm unterbrochen. Du wirst selbst viel schneller auf die Muster aufmerksam werden, bevor sie in endlosen negativen Gedankenschleifen enden.

4. Die goldene Liste

Das ist eine etwas einfachere Übung, die aber dennoch sehr wirksam ist. Auch hier brauchst du wieder einen Stift und ein Blatt Papier.

Teile zuerst das Blatt in zwei Hälften, indem du es faltest oder einfach in der Mitte einen vertikalen Strich ziehst. Auf die linke Seite kommen negative Gedanken, auf die rechte Seite die damit korrespondierenden positiven Gedanken.

Damit das aber nicht einfach nur eine Aneinanderreihung von Listen wird, gibt es ein paar Dinge zu beachten.

Für jeden negativen Gedanken in der linken Spalte solltest du dir drei (!) positive Gedanken für die rechte Seite überlegen - die zum selben Thema passen.

Beispiel:

Ich habe vor Jahren sehr darunter gelitten, so weit zur Arbeit pendeln zu müssen. Ich hatte schon schlechte Laune, bevor ich morgens überhaupt im Auto saß.

Ich habe damals diese Übung noch nicht gekannt, aber wäre sie mir bekannt gewesen, hätte sie ungefähr so ausgesehen:

- Links:

„Ich kann das nicht mehr, die ganze Pendlerei wird mir einfach zu viel!"

- Rechts:

„Ich kann schauen, ob ich nicht mit Kollegen eine Fahrgemein-schaft gründen kann. Gemeinsam geht vieles leichter."

„Ich kann meinen Chef fragen, ob ich nicht einen Tag in der Woche Home Office machen kann."

„Ich bin eine Stunde pro Richtung unterwegs - da könnte ich doch endlich das Hörbuch laufen lassen, für das ich nie Zeit habe."

Ein weiteres Beispiel:

Als ich zum ersten Mal ein größeres Projekt übernommen habe: Ich war damals für einen Kollegen eingesprungen, der schwer erkrankt war. Ich hatte keine Zeit gehabt, mich richtig vorzu-bereiten.

- Links:

„Ich kann das nicht, ich habe nicht genug Erfahrung und werde das Projekt bestimmt an die Wand fahren."

- Rechts:

„Mein Chef ist dankbar, dass ich eingesprungen bin und hat mir auch gesagt, dass ich jederzeit zu ihm kommen kann, wenn ich Fragen habe."

„Ich darf Fehler machen, das ist menschlich."

„Mein Kollege hat gesagt, dass die Leute im Projekt alle Spezia-listen und sehr erfahren sind. Ich kann mich auf ihren Rat verlassen und von ihnen lernen."

Wird das Prinzip klar? Es geht nicht darum, einfach nur dem Statement links zu widersprechen, sondern wirklich nach positiven Aspekten und Gedanken in der Situation zu suchen. Mindestens drei müssen es schon sein, da unser Gehirn ja wie gesagt negative Gedanken stärker wahrnimmt und eher „glaubt". Wenn dir mehr einfallen, umso besser.

Wichtig ist dabei, auf das Wort „nicht" oder „kein" zu verzichten - also die positiven Sätze auch positiv zu formulieren. Auch das ist eine Besonderheit unseres Gehirns. Es filtert die Worte „nicht" oder „kein" heraus, nimmt sie nicht wirklich wahr. Wenn ich dir sage, du darfst jetzt auf gar keinen Fall an ein gelb gestreiftes Nilpferd im rosa Badeanzug denken. Was macht dein Gehirn? Genau! Es verarbeitet alles, was ich gesagt habe, außer „nicht" oder „auf gar keinen Fall".

Ebenfalls wichtig ist, dass die positiven Sätze trotz allem zu dir passen. Dass du sie dir als hilfreich vorstellen könntest. Wenn ich mir in dem Beispiel mit dem Pendeln aufgeschrieben hätte, dass ich mit dem Zug fahren könnte, würde das so gar nicht zu mir passen. Damals zumindest, denn ich war ein fanatischer Autofahrer. Meine Unabhängigkeit war mir zu wichtig, als dass ich mich an einen Zugfahrplan hätte anpassen können. Bleibe dir also trotz allem treu! Du sollst ja nicht deine ganze Persönlichkeit ablegen, sondern nur neue Denkmuster lernen.

Als letzten Schritt bewertest du deine positiven Gedanken mit Punkten von null bis zehn (null = überhaupt nicht hilfreich, zehn = extrem hilfreich). Durch die Übung erreichst du, dass dein Gehirn anfängt, mehrere Lösungsoptionen für bestimmte Situationen zu berücksichtigen. Eine möglicherweise über Jahre festgefahrene negative Denkspur wird immer häufiger verlassen. Bis sie irgendwann ganz in Vergessenheit gerät.

5. Die magischen vier Fragen beantworten

Diese Übung erfordert schon etwas Gespür von dir für deine Gedanken und Gefühle. Wenn du noch ganz am Anfang bist, wäre es besser, mit einer der Schreibübungen anzufangen.

Wenn es dir aber schon vergleichsweise leicht fällt, mental einen Schritt zurück zu machen und das ganze Bild zu betrachten, ist der folgende Ansatz sehr hilfreich. Er kann quasi jederzeit und überall eingesetzt werden und dauert auch nicht sehr lange.

Die Übung umfasst vier Fragen. Magisch sind sie deswegen, weil du am Ende der vier Fragen feststellen wirst, dass du wie auf magische Weise wesentlich weniger grübelst. Und dich auch deutlich besser fühlen wirst.

Los geht's:

- 1. Frage: Ist dieser Gedanke wirklich wahr?

Wenn du wieder einmal am Grübeln bist, dann horche in dich hinein und versuche, den deutlichsten der kreisenden Gedanken zu fangen. Was genau beschäftigt dich? Wenn du ein klares Bild hast, frage dich zunächst, ob der Gedanke für dich wirklich wahr ist.

Ganz häufig ertappen wir uns bereits hier dabei, dass wir uns den Kopf über etwas zerbrechen, von dem wir eigentlich wissen, dass es entweder nicht stimmt oder für uns gar nicht relevant wäre.

Ein Mitglied meiner Trauergruppe hatte zum Beispiel ein Einschreiben vom Finanzamt bekommen. Er war nicht zu Hause, als der Brief kam, so dass er nur die Benachrichtigung der Post in seinem Briefkasten vorfand. Tagelang machte er sich einen Kopf, was da wohl los war. Eine Rückzahlung war nicht zu erwarten, also musste es sich wohl um eine Steuerschuld handeln. Auf alle Fälle um Kosten, die er sich in der Zeit gerade nicht leisten konnte. Mir war aufgefallen, wie bedrückt er war und ich hatte ihn gefragt. Als er mir den Abholschein zeigte, den er schon seit Tagen mit sich herumtrug, wusste auch ich keine Antwort. Offensichtlich war nur, dass Grübeln das Problem sicherlich nicht lösen würde.

In dem Fall würde die Antwort lauten: Der Gedanke ist nur zum Teil wahr. Post vom Finanzamt bedeutet nicht zwangsläufig eine Katastrophe, wenn auch die Wahrscheinlichkeit recht hoch war, dass es um eine Zahlung gehen würde. Aber er hatte seine Steuern alle bezahlt und war auch noch nie einer Nebentätigkeit nachgegangen.

- Das würde zu Frage 2 führen: Kannst du mit absoluter Sicherheit sagen, dass dieser Gedanke wirklich wahr ist?

Durch das Gespräch ermutigt, ging er noch am selben Tag zur Post. Er war ja schließlich in dem Jahr länger krank gewesen, also konnte es sogar sein, dass er eine Rückzahlung bekommen könnte. Das war es zwar auch nicht, sondern lediglich der Bescheid über sein neues Passwort für den Onlinedienst des Finanzamts. Er hatte ganz vergessen, dass er das aus Sicherheitsgründen alle zwei Jahre neu bekam.

In dem Fall gab es etwas ganz Konkretes, das er überprüfen konnte. Er lernte daraus, dass nur weil Finanzamt draufsteht, nicht zwangsläufig Steuern dahinterstecken müssen. Es lohnt sich immer, mit diesem zweiten Teil eigene Glaubenssätze zu hinterfragen. Egal, ob man glaubt, dass die beste Freundin wegen einer Bemerkung sauer ist und sich darum schon seit Tagen nicht mehr gemeldet hat. Oder die schlechte Laune des Chefs auf seine eigene Leistung bezieht. Mit der zweiten Frage solltest du dich zwingen, ganz offen dafür zu sein, dass es auch eine ganz andere Erklärung geben könnte. Das reicht schon. Du musst gar nicht nach den tatsächlichen Erklärungen forschen oder sie gar belegen. Einfach nur zu erkennen, dass es für das Problem nicht nur eine einzige „wahre" Erklärung geben könnte, hilft bereits.

• Danach kommt Frage 3: Wie reagierst du und wie fühlst du dich, wenn du diesen Gedanken glaubst? Wie behandelst du dich und andere Personen, wenn du diesen Gedanken glaubst?

Das klingt jetzt zunächst ein wenig wie ein Schritt zurück. Immerhin hast du bereits festgestellt, dass es tatsächlich andere Erklärungen geben könnte. Aber damit hast du dich innerlich weit genug aus dem Problemkarussell lösen können. Du hast quasi das Notfallprogramm etwas heruntergedreht und die Tür zu logischem Denken wieder ein wenig geöffnet.

Nimm den Schritt aber wirklich wahr. Fühle in dich hinein, was der Gedanke in dir an Gefühlen auslöst und wie er dein Verhalten beeinflusst. Im Falle meines Freundes aus der Trauergruppe hatte er Angst davor, zur Post zu gehen. Er schlief nächtelang schlecht, war in sich gekehrt, nahm kaum an Gesprächen teil. Er hatte seinen Sohn eigentlich zum Essen einladen wollen, aber aus Angst, dass eine große Steuernachzahlung auf ihn wartete, darauf verzichtet. Und das alles, weil er glaubte, dass hinter dem Brief ein großes Problem steckte, das er alleine nicht würde lösen können. Die emotionale Reaktion auf das Problem und die Auswirkungen auf die Lebensqualität standen in keinem Verhältnis zu dem, was tatsächlich passiert war: Er hatte die Benachrichtigung erhalten, dass ein Einschreiben vom Finanzamt im Postamt auf ihn wartete.

Wenn dir die Diskrepanz zwischen dem vermuteten Problem und dessen Auswirkung auf deine Lebensqualität klar geworden ist, wird es Zeit für die nächste Frage.

- Frage 4: Wer wärst du ohne diesen negativen Gedanken? Wie würdest du dich fühlen?

Durch die Reflexionsübungen der vorherigen Fragen hat nun dein logischer Verstand wieder die Oberhand. Du unterliegst nicht mehr dem reinen Flucht- oder Angriffsreflex, sondern kannst dir Alternativen vorstellen. Viele Alternativen. Meinem Freund aus der Trauergruppe zum Beispiel wäre in diesem Moment deutlich geworden, dass er ohne den Gedanken einfach am nächsten Morgen zur Post gefahren wäre und den Brief abgeholt hätte. Er hätte gut geschlafen, wäre seinem Sohn gegenüber nicht so einsilbig gewesen, hätte in der Trauerrunde richtig mitmachen können. Er hätte sich mutiger und entschlossener gefühlt. Er hätte das Gefühl gehabt, Kontrolle über sein Leben zu haben.

Genau darum ist diese Übung wirklich hilfreich. Sie löst zwar nicht jedes Problem, aber sie hilft dir, Denkmuster zu erkennen und zu hinterfragen. Und je häufiger du das tust, desto leichter wird es dir fallen. Irgendwann zieht das Gedankenkarussell sogar ganz aus, weil du gar nicht mehr damit fahren möchtest. Und weil auch dein Unterbewusstsein verstanden hat, dass du es gar nie musstest.

6. Die Umkehrübung

Die Übung mit den vier magischen Fragen kann man auch weiterspielen, indem du sie um die sogenannte „Umkehrübung" erweiterst. Hierfür nimmst du dir einen Satz und findest dafür sogenannte „Umkehrsätze". Wir haben so etwas ganz früher in der Schule einmal im Deutschunterricht gemacht, um Subjekt, Prädikat und Objekt zu üben. Hier hilft uns diese Übung, durch die Nutzung des rationalen Teils unseres Gehirns den Klammergriff des Notfallsystems zu lockern und wieder über die drei grundlegenden Reflexe (Flucht, Angriff oder Totstellen) hinauszukommen.

Wenn du dir also in der Übung vorher Gedanken gemacht hast, warum deine beste Freundin sich schon länger nicht mehr gemeldet und auch die letzten Nachrichten ignoriert hat, wäre dein erster Impuls vermutlich, zu denken, dass sie aus irgendeinem Grund böse auf dich ist.

Dann würde der Anfangssatz lauten:

„Meine Freundin ist sauer auf mich." (mit dem unterschwelligen Selbstvorwurf, dass du etwas falsch gemacht haben musst)

Das drehst du jetzt so lange herum, bis dir nichts mehr einfällt:

„Ich bin sauer auf meine Freundin"
„Ich bin auf mich selbst sauer"
„Meine Freundin ist auf sich selbst sauer"
„Wir sind alle aufeinander sauer"
„Meine Freundin ist auf alle sauer"
„Alle sind auf meine Freundin sauer"

Merkst du, was passiert? Zum einen konzentrierst du dich durch die Suche nach weiteren möglichen Kombinationen so sehr auf inhaltliche Dinge, dass die schlechten Emotionen nach und nach verschwinden. Dir fallen so vielleicht sogar ganz andere Möglichkeiten ein, was noch hinter dem Verhalten deiner Freundin stecken könnte. Zum Beispiel, dass es ihr schlecht geht und sie einfach gar niemanden sehen möchte. Oder, dass sie selbst ein schlechtes Gewissen hat wegen etwas, das sie zu dir gesagt hat oder, oder, oder…

Und schon hört das Gedankenkarussell aus Furcht, Schuldgefühlen und Selbstvorwürfen auf, sich zu drehen. Du kannst rational entscheiden, ob du sie einfach anrufst und fragst, was los ist und damit das Thema für euch beide klären.

7. Der Reality-Check

Manchmal helfen schlichte Gedankenübungen aber nicht mehr weiter. Der quälende Gedanke kommt immer wieder.

Im Beispiel vorher mit der Freundin könnte es ja tatsächlich sein, dass du dir nun Sorgen um sie machst. Weil die Stille wirklich ganz und gar ungewöhnlich ist. Sie vielleicht einen Unfall hatte und Hilfe braucht. Schon bist du wieder im Grübelkarussell gefangen.

In dem Fall würde es bedeuten, zu ihr hinzufahren, um zu sehen, was los ist - wenn sie zum Beispiel bei deinen Anrufen weiterhin nicht abhebt.

Aber eigentlich ist diese Übung dafür gedacht, absolute Glaubenssätze auf ihre Wahrheit hin zu überprüfen. Jeder von uns hat sie, solche „Nie"- oder „Immer"-Sätze, die ganz tief in uns schlummern und sich immer dann melden, wenn etwas schief gegangen ist. „Nie bekomme ich etwas fertig" oder „Immer mache ich mich zum Deppen" oder „Hier werde ich nie einen Mann kennen lernen".

Fehler passieren immer wieder. Jedem von uns unterläuft einmal ein peinliches Versehen und jeder von uns hat Wünsche und Träume, die bisher nicht in Erfüllung gegangen sind. Es ist auch völlig normal, sich deswegen ab und zu Gedanken zu machen. Wenn wir nur träumen, erreichen wir schließlich nichts. Wir müssen auch etwas dafür tun.

Problematisch wird es, wenn die Stimme in uns sagt: „Vergiss es, das wird nie etwas", und wir dann tatsächlich aufgeben.

Diese absoluten Ansichten sind Teil des Schwarz-Weiß-Denkens und damit (wie bereits besprochen) einer ganz besonders hartnäckigen Form negativen Denkens. Das Perfide daran ist, dass sie aufgrund unserer Erfahrungen ja sehr „real" und „wahr" wirken, wenn wir schon mit mehreren Versuchen, etwas ganz Bestimmtes zu erreichen, gescheitert sind.

Doch auch wenn wir schon 100 missglückte Versuche hinter uns haben: Statistisch und rational gesehen gibt es keinen Grund, der sagt, dass dann der 101. Versuch auch scheitern muss. Eher im Gegenteil.

Hier helfen dann einfache Gedankenübungen oft nicht mehr. Der Glaube, dass wir tatsächlich „immer" der Depp sind oder „nie" einen Mann kennen lernen werden, sitzt sehr, sehr tief. Und hier kommt der „Reality-Check" ins Spiel.

Ich gebe zu, es klingt nicht einfach, und ist es auch nicht. Als ich im Krankenhaus lag und mich in meinem Jammertal häuslich eingerichtet hatte, wollte ich ganz fest daran glauben, dass mein Leben nun vorbei wäre. Ich alles verlieren und nie wieder Glück verspüren würde. Die Beschwichtigungen meiner Eltern und Töchter wies ich zurück. Sie hätten ja keine Ahnung, wie es mir ging.

Als meine Physiotherapeutin mich sanft dazu nötigte, in die Gesprächsgruppe zu gehen, war das so ein „Reality-Check". Nicht die Nötigung. Ich bin ja tatsächlich freiwillig hin, weil ich ihrer Argumentation durchaus etwas abgewinnen konnte. Sondern in dieser Runde zu sitzen und zu hören, was andere erlebt hatten, wie sie damit umgingen. Es war spannend, zu spüren, dass ich mich sehr wohl in ihre Situation versetzen konnte, obwohl ich sie gar nicht kannte. Die Wirklichkeit belehrte mich mit meinen ach so überzeugenden Glaubenssätzen eines Besseren.

Keine Angst. Jetzt brauchst du nicht gleich einer Selbsthilfegruppe für Singles beizutreten, wenn du alleine bist und das gerne ändern würdest. Aber nimm dir tatsächlich vor, aktiv an dem Zustand etwas zu ändern. Was hast du bisher unternommen, um jemanden kennen zu lernen? Überlege dir andere Möglichkeiten und setze sie um. Besuche einen Single-Kochkurs. Mache einen Städtetrip für Singles. Geh in Vernissagen oder zu einem Musikfestival. Nimm all deinen Mut zusammen und rede fremde Männer (oder Frauen, je nachdem, wen du suchst) einfach an. Finde Themen, die es dir leichter machen, mit anderen ins Gespräch zu kommen.

Denke daran: Bei der Übung geht es nicht darum, tatsächlich sofort den Mann oder die Frau fürs Leben zu treffen, sondern einen tief liegenden Glaubenssatz aufzulösen. Du wirst auf alle Fälle Spaß haben, etwas Neues lernen und definitiv Kontakte knüpfen. Wer weiß, vielleicht ergibt sich daraus tatsächlich mehr. Aber selbst wenn das nicht der Fall ist. Wichtig ist hier nur, dass du erlebst, dass die Wirklichkeit anders ist, als deine Gedanken dir suggerieren. Dass ein Fehlversuch, oder auch ein Dutzend, nicht „lebenslänglich" bedeuten. Sondern, dass schon der nächste Versuch das große Glück bringen kann.

Lass dich nicht abschrecken, wenn es im ersten Moment nach zu viel Aufwand klingt. Verbinde es einfach mit etwas, das du sowieso tun wolltest. Du wirst auf alle Fälle belohnt werden. Denn hier kommen gleich ein paar Mechanismen zum Tragen, die negativem Denken entgegenwirken:

Du überlegst dir Möglichkeiten, die du bisher noch nicht berücksichtigt hattest - das spricht den rationalen Teil deines Gehirns an und löst die Grübelschleifen auf.

Du triffst erfolgreich Entscheidungen: In zahlreichen Studien wurde nachgewiesen, dass sich schon durch wenige, bewusst getroffene Entscheidungen eine depressive Verstimmung auflösen lässt.

Du wirst körperlich aktiv. Eine der besten Möglichkeiten, negatives Denken zu stoppen, ist tatsächlich, dich zu bewegen. Dazu reicht schon ein kurzer Spaziergang um den Block. Oder eben die Fahrt zum Weinfest im Nachbarort.

Wichtig ist, dass du es nicht komplizierter machst, als nötig. Suche dir Möglichkeiten, die du möglichst schnell in Angriff nehmen kannst. Sonst läufst du Gefahr, auch darüber wieder ins Grübeln zu verfallen.

8. Negative Glaubenssätze in positive Affirmationen umwandeln

Das klingt zunächst etwas esoterisch (und das ausgerechnet von einem Naturwissenschaftler wie mir) und ja, hier muss man auch ein wenig aufpassen: Sich einfach einzureden, dass die Welt ja eigentlich ganz sonnig und großartig ist, funktioniert nur bedingt, wenn man gerade tief im Jammertal der negativen Gedanken steckt. Aber wenn du ein paar Regeln beachtest, ist das tatsächlich eine großartige Übung, die sich sehr positiv auf dein Wohlbefinden und deine Stimmung auswirken wird. Vertraue mir.

Affirmationen sind zunächst mal nichts anderes als die Glaubenssätze, die dein Unterbewusstsein sowieso dauernd herunterbetet. Nur mit dem Unterschied, dass diese unbewussten Glaubenssätze aus den vielen, bisher schon erörterten Gründen, eher negativ und auf die Vermeidung von Gefahr ausgelegt sind.

Wenn nun also solche negativen Glaubenssätze dazu führen, dass wir Ängste entwickeln und sogar krank werden, müsste es doch gut für uns sein, wenn wir diese durch positive Glaubenssätze ersetzen, oder?

Bis vor kurzem waren derlei Überlegungen nur auf ausgesprochen esoterischen Seiten zu finden. Inzwischen gibt es wissenschaftliche Studien, die nachweisen, dass doch einiges an Wahrheit dahintersteckt.

Neu ist der Ansatz allerdings nicht. Schon Buddha sagte vor rund 2500 Jahren sinngemäß: Alles, was wir jetzt sind, ist das Resultat der Gedanken. Und auch die Stoiker des Altertums (zum Beispiel Seneca der Jüngere) formulierten es ähnlich. Auch sie plädierten in ihren Schriften dafür, achtsam mit den Gedanken umzugehen. Auf eine optimistische, dem Leben zugewandte Einstellung zu achten.

Und genau das steckt hinter dieser Übung: Achte zunächst auf deine bestehenden, negativen Glaubenssätze und formuliere dann eine oder mehrere, die den Sachverhalt positiv darstellen. Es ist nämlich wichtig, dass die Affirmationen zu dir und deiner Situation passen, damit sie wirklich funktionieren.

Wenn du also glaubst, nie dein Diät-Ziel erreichen zu können, niemals einen Halbmarathon zu schaffen oder die nächste Prüfung nicht zu schaffen, schreib diese negativen Affirmationen auf. Gut wäre es, wenn du dich zunächst auf maximal zwei beschränkst. Und zwar die, die dich am meisten stressen.

Das könnte dann so aussehen:

Mein Chef hat mich auf dem Kieker. Er kommentiert alles, was ich mache, ausgesprochen kritisch. Ich bin sicher, ich werde über kurz oder lang meinen Job verlieren.

Jetzt denk darüber nach, welche Angst wirklich dahintersteckt. Erinnerst du dich? Unser Unterbewusstsein schickt uns diese Gedanken nicht, um uns unglücklich zu machen, sondern um uns vor Gefahren zu schützen. Also was genau ist deine Befürchtung? Wovor möchte dein Unterbewusstsein dich bewahren? Ist es tatsächlich Arbeitslosigkeit? Geht es um genau diese Stelle, an der du sehr hängst, weil es eigentlich dein Traumjob ist und du auch deine Kollegen gerne magst? Fühlst du dich schlecht, weil du selbst mit deiner Arbeit nicht zufrieden bist und glaubst, dein Chef sieht es genauso?

Je nachdem, was da in dir drin vor sich geht, könntest du nun eine positive Affirmation formulieren:

Negativer Glaubenssatz	Positive Affirmation
„Ich werde arbeitslos."	„Ich finde eine neue Herausforderung mit einem angemesseneren Gehalt."
„Ich habe Angst, ein tolles Arbeitsumfeld mit sehr netten Kollegen zu verlieren."	„Ich habe einen guten Draht zu meinen Kollegen und bin glücklich an meinem Arbeitsplatz. Gemeinsam schaffen wir alle Herausforderungen. Sie helfen mir, wenn ich Probleme habe."
„Ich habe Mist gebaut und nun ist mein Chef so sauer, dass er mich feuern möchte."	„Ich kann mit Herausforderungen umgehen und stehe zu meinen Fehlern. Ich kann alle Differenzen mit meinen Vorgesetzten konstruktiv klären."

Es geht also darum, immer die wirklichen Ängste anzusprechen, die hinter den negativen Gedanken stehen, und dann so zu formulieren, als wären sie bereits gelöst.

Dabei gibt es drei Dinge zu beachten:

- 1. Bleibe immer in der Gegenwartsform (ich bin / mache / kann…).

- 2. Formuliere sie immer positiv, also ohne „nicht", „kein" und so weiter - aus den bereits erwähnten Gründen. „Ich bin nicht arbeitslos" filtert das Unterbewusstsein zu „Ich bin arbeitslos". Und das bleibt negativ und macht Angst.

- 3. Es muss zu deiner aktuellen Situation und Persönlichkeit passen. Wenn du immer schon ein absoluter Sportmuffel warst, wird „Ich bin fit und sportlich" nicht funktionieren. In dem Fall könntest du es mit „Ich achte auf meine Gesundheit" in Kombination mit „Ich liebe es, lange Spaziergänge durch den Wald zu machen" versuchen.

Und noch etwas: Auch, wenn an schlechten Tagen viele negative Gedanken in deinem Kopf herumkreisen, konzentriere dich bei den positiven Affirmationen wirklich nur auf ein oder zwei am Anfang. Arbeite dann täglich mit ihnen. Schreibe sie jeden Morgen in dein Tagebuch. Oder sage sie laut auf. Das kannst du vor dem Spiegel machen und dir dabei selbst in die Augen schauen. Nehme sie auf und spiele sie mindestens einmal am Tag ab. Ganz egal, was du tust, es sollte regelmäßig sein, mindestens einmal täglich. Und du wirst merken, nach und nach verschwinden die entsprechenden negativen Gedanken aus dem Grübelkarussel und du kannst die nächste Affirmation in Angriff nehmen.

9. Handbuch der Selbstzerstörung

Das ist eine meiner liebsten Methoden. Die Übung bedient sich des Prinzips der umgekehrten Logik. Anstatt den negativen Gedanken einfach nur positive entgegenzusetzen, übertreibt man zunächst die negativen Gedanken und Befürchtungen maßlos.

Und das geht so:

Such dir einen negativen Gedanken, der dich einfach nicht in Ruhe lassen möchte und schreib ihn auf.

Das könnte - wieder - sein: „Mein Chef ist sauer auf mich, ich bekomme mit Sicherheit Ärger. Vielleicht droht mir sogar die Kündigung."

Formuliere das um in:

„Was muss ich tun, damit mein Chef mich tatsächlich mit sofortiger Wirkung entlässt?"

Und dann schreibe auf, was dir in den Kopf kommt, ohne zu zensieren. Alles ist erlaubt und alles ist richtig. Versuche wirklich, eine ganze DinA4-Seite zu füllen. Glaube mir, das ist möglich. Am Anfang werden dir ganz allgemeine Dinge einfallen wie:

„Ich schicke meine Berichte nicht mehr fristgerecht ein."

Oder

„Ich grüße ihn einfach nicht mehr."

Oder

„Ich beantworte keine seiner Mails mehr."

Aber bald schon kommst du zu:

„Ich mache spontan Urlaub auf den Bahamas und schicke ihm eine Postkarte."

Oder

„Ich stalke ihn im Intranet und hinterlasse böse Kommentare zu seinen Beiträgen."

Oder

„Ich melde ihn bei allen Vereinen in seinem Heimatort an."

Es ist zunächst nicht wichtig, wie realistisch die Aktionen sind. Wie bei einigen anderen Methoden auch schaltet sich durch die kreative Suche nach Gemeinheiten, die dich in Schwierigkeiten bringen könnten, der logische, rationale Teil deines Gehirns wieder ein. Und der wird schließlich für eine echte Lösungsfindung gebraucht. Zudem ist es eine kreative Form, Dampf abzulassen. Und völlig harmlos noch dazu (so lange du sicherstellst, dass er die Liste nie zu sehen bekommt).

Wenn du fertig bist, lies deine Liste durch. Es werden dir einige Aktionen auffallen, die realistischer als die anderen sind und möglicherweise auch etwas mit deinen gegenwärtigen Schwierigkeiten zu tun haben, auf die du aber nicht direkt gekommen wärst. Schreibe diese auf ein extra Blatt Papier, links, in eine Spalte untereinander. Rechts daneben schreibst du dann jeweils, was du stattdessen tun solltest, damit genau die Katastrophe nicht passiert.

Hier ist nun etwas Kreativität gefragt - denn es reicht nicht, die „Sabotage-Aktionen" aus der linken Spalte positiv zu formulieren oder einfach ein „nicht" davor zu setzen. Such dir wirklich eine positive Aktion, die die negative Aktion unmöglich machen oder aufheben würde.

Ich habe einmal folgendes Beispiel genommen, um die Methode ein paar Freunden zu erläutern: „Was muss ich tun, damit meine Frau sofort die Scheidung einreicht?" Natürlich kamen gleich die Klassiker wie „fremdgehen", „jeden Abend zu spät nach Hause kommen" oder „einen Knutschfleck am Hals mit nach Hause bringen". Doch recht schnell ging es in Richtung von „sie immer nach kreativen Geburtstagsgeschenken für Freunde fragen, ihr selbst aber immer nur Seife schenken" oder „sie immer mit meiner Mutter allein lassen, wenn diese zu Besuch kommt".

Wir haben bei der Übung viel gelacht, aber einer meiner Freunde wurde immer stiller. Ein paar Wochen später traf ich seine Frau, die meinte, was ich denn mit ihrem Mann angestellt hätte. Sie wusste ja, was sie an ihm hatte und hätte es schon lange aufgegeben, auf Romantik zu hoffen, aber auf einmal wäre er wie ausgewechselt...

Offenbar hat er sich „ertappt" gefühlt. Und genau danach suchen wir in dieser Übung: Nach Punkten, bei denen du dich selbst „ertappt" fühlst, weil das Dinge sein könnten, die wirklich hinter dem aktuellen Problem stecken. Und dann positive Aktionen stattdessen ausdenken.

Die Lösung für die Schwiegermutter war in meiner Gruppe übrigens: Den beiden Damen einen Tag im Spa zu schenken und sie abends schön zum Essen auszuführen.

Beim Chef überlasse ich es deiner eigenen Kreativität.

10. Stopp-Technik

Ganz zum Schluss kommt jetzt noch eine etwas einfachere Übung, die aber nicht unterschätzt werden sollte: Die Stopp-Technik.

Hierbei geht es nicht darum, negative Gedanken einfach zu „stoppen". Das funktioniert nicht, wie ich ja bereits mehrfach ausgeführt habe. Aber mit einem Stoppschild hat es dennoch etwas zu tun.

Suche dir im Internet dazu das Bild eines ganz normalen Stoppschilds aus dem Straßenverkehr. Drucke es fünfmal aus (oder zeichne selbst welche, wenn du so kreativ bist). Die Bilder/Ausdrucke müssen nicht sehr groß sein - DinA6 reicht völlig aus (eine Viertelseite also).

Befestige die Bilder nun an Stellen im Haus, an denen du häufiger vorbeikommst. Aber nicht unbedingt dort, wo du immer bist.

Immer dann, wenn du nun an dem „Stoppschild" vorbeikommst, überprüfe, woran du gerade denkst. Wenn es negative Grübeleien sind, kannst du sie so „anhalten". Darum sollten die Orte für die Schilder auch so gewählt sein, dass du nicht permanent daran vorbei gehst. Das würde mit der Zeit ganz schön nervig und anstrengend werden. Aber sie sollten auch nicht an einem Ort sein, an dem du nur alle paar Monate vorbeikommst. Experimentiere gerne ein wenig herum und wechsele die Orte auch immer mal wieder.

Wozu soll das gut sein?

Diese einfach wirkende Übung kommt ganz bewusst zum Schluss. Es funktioniert nicht, negative Gedanken nur zu unterdrücken. Im Gegenteil, der Schuss könnte nach hinten losgehen und die Grübeleien noch hartnäckiger werden.

Die Methode hilft jedoch, bestimmten Mustern auf die Spur zu kommen. Und diese dann mit den vorher genannten Methoden nach und nach aufzulösen. Da du dich mit dieser Methode sozusagen selbst überrumpelst, kommst du damit sogar versteckten, tief in deinem Unterbewusstsein herumschwirrenden Denkmustern und Glaubenssätzen auf die Spur.

6

DIE 3 FATALSTEN FEHLER BEI DER BEKÄMPFUNG VON NEGATIVEN GEDANKEN

„Man muss dem Leben immer um mindestens einen Whisky voraus sein."

— HUMPHREY BOGART

---

*N*egative Gedanken sind unangenehm und halten uns davon ab, zum Teil überschaubare „praktische" Probleme anzugehen und gelöst zu bekommen. Und sie können sich negativ auf unsere Gesundheit auswirken. Nicht zuletzt darum ist es wichtig, (zu häufig und heftig auftretende) negative Gedanken loszuwerden. Im letzten Kapitel habe ich dir Übungen gezeigt, wie man das angehen kann. In diesem Kapitel möchte ich darauf eingehen, was die häufigsten Fehler sind, die man bei der Bekämpfung der negativen Gedanken machen kann. Diese solltest du auf alle Fälle vermeiden. Sie sorgen nämlich nicht nur dafür, dass das Sorgenkarussell sich weiterdreht, sondern machen im Zweifelsfall die Grübelei sogar noch schlimmer.

Fehler Nr. 1: Sich dauerhaft ablenken

Der wohl häufigste Fehler passiert jedem von uns gelegentlich. Der Chef erwartet eine Stellungnahme zu einem schwierigen Problem? Der Kontostand schwebt gefährlich nahe über dem Nullstrich und in der Post lag eine unerwartete Rechnung? Der Garten sollte gejätet werden, aber es ist Samstag, schönes Wetter und die Woche war sowieso schon so stressig?

Wer kennt das nicht? Anstelle sich dem Thema zu stellen, um es vom Tisch zu bekommen, findet man sich ganz schnell im Ablenk-Modus wieder. Besonders beliebt in diesem Zusammenhang: der TV-Serien-Marathon. Leider sind die Einstellungen der Streaming-Anbieter hier auch nicht hilfreich. Denn hat man sich einmal entschieden, „nur einen Teil" des neuesten Blockbusters anzuschauen, laufen die nächsten Folgen einfach an, ohne dass man etwas tun muss. Ich kenne das aus leidvoller eigener Erfahrung.

Um den Marathon zu stoppen, müsste man aktiv werden, was angesichts der drohenden „schweren" Aufgaben doppelt schwierig erscheint. Leise regt sich das schlechte Gewissen mit jeder Folge, die neu anläuft. Aber nur kurz, dann ist man auch schon wieder abgelenkt und ganz versunken in den spannenden Geschehnissen auf dem Bildschirm.

Social Media wie Facebook oder auch ganz allgemein das Surfen im Internet (Stichwort „Katzenvideos") gehen in dieselbe Richtung. Man fängt an, möchte nur mal kurz schauen, bevor man sich in die Arbeit stürzt und schon sind ein paar Stunden vorbei.

All diese Plattformen haben unbestreitbar ein ordentliches Suchtpotenzial. Aber am Ende sind wir selbst es ganz alleine, die die Entscheidung für oder gegen Ablenkung oder Arbeit treffen. Denn sind wir doch mal ehrlich - wenn eine angenehme Tätigkeit ansteht, sind uns Facebook und Co doch auch völlig egal.

Jetzt könnte man sagen, dass außer etwas „Aufschieberitis" ja nichts Schlimmes passiert in so einem Fall. Das ist aber nicht ganz richtig. Denn das Betäuben und Ablenken von den tatsächlichen Sorgen lässt sie hinterher umso stärker und lauter wiederkommen. Mit Vorliebe mitten in der Nacht, wenn man eigentlich schlafen sollte. Und auch während der Ablenkungsaktionen ist man nicht voll bei der Sache und genießt die Zeit. Ein Teil des Bewusstseins schielt dabei schuldbewusst in die Ecke des Gehirns, in dem sich die sorgenvollen Gedanken immer schneller im Kreise drehen.

Unser Unterbewusstsein nimmt das wahr, ganz egal, womit wir unser bewusstes Denken gerade zu füttern versuchen. Und identifiziert es, ganz richtig, als Gefahr. Mit dem Ergebnis, dass massenweise Stresshormone ausgeschüttet werden, unser Stoffwechsel heruntergefahren wird, unser Herz schneller schlägt und die Muskulatur sich verkrampft. Über einen viel längeren Zeitpunkt, als gut für uns wäre.

Irgendwann ist das schlechte Gefühl in uns so stark, dass wir zum Fernsehen dazu eine Flasche Wein aufmachen. Oder zwei. Oder um Mitternacht den halben Kühlschrank leer essen. Und dann noch schlechter schlafen und am nächsten Morgen wie gerädert aufwachen. Dann machen wir uns nicht nur wegen der Zeitverschwendung selbst Vorwürfe, sondern auch noch wegen der unnötigen Kalorien. Diese Selbstvorwürfe kommen zu den ursprünglichen Sorgen dazu und schon stecken wir im nächsten Betäubungs-Loop (Schleife) drin.

Dann passiert gelegentlich etwas, das unlogisch wirkt: Wir stürzen uns in die Arbeit. Weil wir uns schuldig fühlen, das wirklich dringende Thema nicht anzugehen, werden wir derart zum Workaholic, dass niemand, auch nicht unsere innere Stimme, auf die Idee kommen könnte, wir wären faul. Wir füllen den Tag mit so vielen Aktivitäten, dass wir nicht zur Ruhe kommen, uns zusätzlich gestresst fühlen und...

Wenn es dir beim Lesen so geht wie mir beim Schreiben, dann spürst du jetzt Stress-Symptome.

Und genau darum geht es, denn für deinen Körper bedeutet das schlichte Verdrängen negativer Gedanken tatsächlich massiven Stress. Die Gedanken und damit zusammenhängenden Gefühle kommen ja darum auf, weil unser Bewusstsein uns vor Gefahr warnen und zu einer Handlung bewegen möchte, die Rettung bedeutet: Entweder ganz schnell weglaufen oder den Feind angreifen. In beiden Fällen wäre das Ergebnis, dass die erlebte Gefahr überwunden wäre. Stattdessen bleiben wir mitten im Gefahrenumfeld liegen, was unser Unterbewusstsein überhaupt nicht versteht. Immer stärker versucht es, uns dazu zu bewegen, uns zu retten. Und immer mehr versuchen wir, uns zu betäuben. Dieses Spiel jedoch können wir nicht gewinnen. Es hat zudem einen hohen Preis.

Es gibt eine Vielzahl von Studien, die belegen, welche negativen Auswirkungen gefühlter Stress auf die Verdauung und den Schlaf haben. Ohne ausreichenden (und tiefen) Schlaf funktionieren viele Dinge nicht. Abnehmen, zum Beispiel. Wenn es dir geht wie mir, dann sind die kleinen Pölsterchen nach dem vielen guten Essen rund um Weihnachten inzwischen hartnäckiger als früher. Das hat etwas mit dem Alter zu tun und ist von der Natur auch so vorgesehen. Aber wenn wir zusätzlich zu unserem altersbedingt langsameren Stoffwechsel Störfaktoren wie Stresshormone ins Spiel bringen, können wir noch so lange Kalorien zählen, mit dem Joggen anfangen oder andere Maßnahmen zur Gewichtsreduktion ergreifen. Die extra Pfunde bleiben, wo sie sind. Im Zweifelsfall werden sie sogar schnell mehr.

Was ist die Alternative? Ich bin sicher, dein gesunder Menschenverstand hat dir das schon verraten: Genau! Stell dich den

schwierigen Gedanken. Schau hin, hör hin, zeig deinem Unterbewusstsein, dass du die Gefahr erkannt hast und etwas dagegen
tun wirst. Manchmal reicht schon so wenig wie der Entschluss,
gleich am Montag früh die Bank anzurufen, um kurzfristig den
Disporahmen zu erhöhen und die quälenden Gedanken sind weg
(um bei meinem Beispiel von weiter oben zu bleiben).

Fast immer steht der Zeitaufwand für das Vermeidungsverhalten
in keinem Verhältnis zu dem, was notwendig wäre, um dich
konstruktiv mit den negativen Gedanken auseinanderzusetzen.
Du kannst dir wirklich viel Zeit und Leid ersparen, wenn du statt
der „Betäubung" durch vermeintlich angenehmere Tätigkeiten
eine der Übungen aus dem letzten Kapitel ausprobieren würdest.
Deine Gesundheit wird es dir danken. Und Zeit sparst du noch
dazu.

Fehler Nr. 2: In kritischen Situationen die falschen Fragen
stellen

Gut, wir wissen nun, dass dauerhaftes Verdrängen und Betäuben
nicht funktioniert. Dass wir unseren negativen, quälenden
Gedanken mental Audienz gewähren müssen, indem wir sie mit
Fragen konfrontieren. Aber hier droht leider die nächste Falle:
Wir stellen die falschen Fragen.

Die gute Nachricht ist: Diese Falle ist leicht zu entdecken und
noch leichter zu umgehen. Wie also können wir sicherstellen,
dass wir die richtigen Fragen stellen?

Da sich unsere negativen Gedanken in der Regel ja nicht mehr
auf tatsächliche Fressfeinde beziehen, die sichtbar und greifbar
wären, sondern lediglich auf „gefühlte" Gefahren, müssen wir
uns zuerst der Natur der Sorgen bewusst werden.

Prinzipiell sind es drei Arten, wie uns unser Unterbewusstsein auf Gefahren aufmerksam macht:

- 1. Ärger

Ärger spüren wir dann, wenn jemand anderes dabei ist, unsere Grenzen zu überschreiten. Diese inneren Grenzen schützen unser seelisches Gleichgewicht und unser Unterbewusstsein passt gut darauf auf. Wenn nun jemand etwas sagt, tut oder uns drängt, etwas zu sagen oder zu tun, was diese inneren Schutzwälle verletzt, fühlen wir Ärger ins uns aufsteigen. Die deutsche Sprache, anders als die meisten anderen Sprachen, macht das auch in der Formulierung deutlich: WIR ärgern UNS über etwas oder jemanden. Das Gefühl wird allein in uns selbst ausgelöst, und ja, es dient schlussendlich ebenfalls unserem Schutz

- 2. Furcht

In diesem Buch bin ich schon häufiger darauf eingegangen, denn es sind ja meistens Ängste und Befürchtungen, die das innere Gedankenkarussell auslösen. Unser Unterbewusstsein wittert Gefahr und möchte, dass wir uns aus selbiger begeben. Der Impuls, den wir dann fühlen, ist eben Furcht.

- 3. Schuld

Die dritte im Bunde der unangenehmen Gefühle ist die Schuld. Diese verspüren wir dann, wenn wir selbst entgegen unserer innersten Überzeugungen und Werte gehandelt haben, und merken, dass das falsch war. Auch hier schickt das Unterbewusstsein einen sehr starken Impuls. Es möchte dafür sorgen, dass wir uns wieder auf die erlernten Werte unseres sozialen Umfelds besinnen und mögliche Fehler ausbügeln. Verletzen wir diese Werte, laufen wir Gefahr, verstoßen zu werden. Für den ältesten Teil unseres Gehirns ist das gleichzusetzen mit einem Todesurteil.

Es ergibt also Sinn, dass all diese Gefühle als sehr unangenehm empfunden werden. Wir brauchen einen starken Impuls, um zu handeln. Um uns zu bewegen, die problematische Situation auflösen.

Und genau so müssen wir die unangenehmen Gedanken adressieren: mit lösungsorientierten Fragen.

Im ersten Reflex fragen die meisten: „Warum passiert das immer mir?" oder „Wieso muss immer ich …". Wenn dir das auch so geht, befindest du dich in guter Gesellschaft. Das ist auch nicht schlimm, solange du dir dessen schnell bewusst wirst.

Wie also frage ich lösungsorientiert?

Alle Fragen, die mit „warum" oder „wieso" beginnen, sind problemorientiert. Das ist dann gut und richtig, wenn du zum Beispiel in der Qualitätssicherung arbeitest und den wirklichen Ursprung eines Problems herausfinden musst. Auch für Ärzte ist das eine gute Frage, wenn sie sicherstellen wollen, dass sie bei Patienten nicht nur Symptome kurieren, sondern wirklich die Wurzel des Übels finden.

Für uns ist es aber besser, Fragen zu stellen die mit „wo", „was" oder „wer/wen" beginnen:

- Was muss ich tun, um zu verhindern, dass…
- Wen kann ich fragen, um Hilfe zu bekommen bei…
- Wo finde ich die Anleitung / den richtigen Ansprechpartner / etc.

Erkennst du den Unterschied?

Manchmal ist es auch bei der Bekämpfung negativer Gedanken gut, in die Tiefe zu gehen. Aber nicht am Anfang. Wenn du dich selbst fragst: „Warum passiert das immer mir?", suggerierst du nämlich, dass du selbst Teil des Problems bist. Warum-Fragen transportieren immer auch einen unterschwelligen Vorwurf. Die Antwort wird damit, in emotional schwierigen Situationen, schnell zur Rechtfertigung. Einer echten, ernsthaften Lösung kommst du damit nicht gleich auf die Spur, im Gegenteil. Im schlimmsten Fall fühlst du dich hinterher noch schlechter und hoffnungsloser als vorher.

Frage dich also vorher, was du wann mit wem und wo tun kannst, um der erlebten „Gefahr" zu entkommen. Und wenn du merkst, dass die Sorgen nachlassen und dein Kopf wieder freier wird, dann kannst du ja, wenn nötig, erforschen, warum das alles so gekommen ist. Aber eben erst dann. Ansonsten setzt du dich selbst zu sehr unter Druck und läufst Gefahr, Opfer des dritten großen Fehlers zu werden:

Fehler Nr.3: Negative Gedanken zwanghaft durch positive Gedanken zu ersetzen

Dein Verstand hat etwas mit einer Fliege an der Wand zu tun. Glaubst du nicht? Ist aber so!

Die Fliege an der Wand, das Haus gegenüber oder eben dein Verstand, sind grundsätzlich jeweils Objekte. Nur, dass dein „Objekt Verstand" andauernd spricht. Diese Klänge ähneln überraschender Weise unserer eigenen Stimme. Deshalb hat der Verstand für uns auch so eine immense Bedeutung. Und die Fliege nicht...

Jetzt erinnere dich mal an den letzten, so richtig glücklichen Moment in deinem Leben zurück. War es vielleicht auf einer extensiven Bergtour beim Anblick des wunderschönen Naturpanoramas oder hast du letzte Woche das entscheidende Tor zum Sieg für deinen Fussballverein geschossen?

Hast du da auf deinen Verstand gehört oder hast du es einfach getan und genossen? Hören wir deshalb auf zu existieren, nur weil unser Verstand aufhört, sich in diesen Situationen zu „melden"? Nein! Also sind „wir" (der Mensch) nicht „er" (unser Verstand).

Wir sind diejenigen, die die Gedanken des Verstandes wahrnehmen oder eben nicht wahrnehmen. Wir sind aber nicht unser Verstand. Das ist wichtig zu verstehen.

Und ja, manchmal ist es verführerisch, nach einer schnelleren Lösung zu suchen. Wie überall im Leben klingt ein langer Weg nach Mühe und Frust. Lieber probiert man eine Abkürzung aus, die man noch nicht kennt, um schnell ans Ziel zu kommen. Ich bin sicher, du kennst das, entweder von dir selbst oder von anderen in deinem Bekanntenkreis. Du bist spät dran, möchtest unbedingt rechtzeitig bei der Verabredung sein, und irgendjemand kommt mit dem Vorschlag, doch die „todsichere Abkürzung zu nehmen". Manchmal mag das funktionieren, zum Beispiel, wenn der Tippgeber sich tatsächlich richtig gut auskennt, während alle anderen sich auf das Navi verlassen müssen. In der Regel sind die „absoluten Geheimtipps" einer Abkürzung, die niemand sonst kennt, nur ein Garant dafür, noch später anzukommen.

Wenn es um die Arbeit mit dem Gedankenkarussell geht, gibt es leider keine Abkürzung. Nie. Den Stier bei den Hörnern packen zu wollen, die ganze Fragerei einfach bleiben zu lassen und dich direkt positiven Gedanken zuzuwenden sorgt nur für eines: Dass die negativen Gedanken noch wilder und unangenehmer in deinem Kopf herumtanzen.

Die Gründe dafür haben wir in den vorangegangenen Kapiteln mehrfach beleuchtet:

- Wir haben sehr viel mehr negative als positive Gedanken. Das ist auch an ganz normalen Tagen so, an denen wir sie gar nicht als störend empfinden. Das hat eben mit der Prägung aus unserer Entwicklungsgeschichte zu tun. Gefahr ist zu vermeiden und darum viel wichtiger als die schönen und angenehmen Dinge des Lebens. Uns jetzt zwingen zu wollen, nur positiv zu denken, wäre wie zu David zu sagen, er müsste Goliath nicht nur einmal, sondern jeden Tag 24 Stunden lang niederringen. Bis ans Ende seiner Tage.

- Rund 60 000 Gedanken schießen so am Tag durch unseren Kopf. Das ist fast jede Sekunde einer, wenn wir 24 Stunden wach wären. Schon das Wort „Gedanke" zu denken, dauert eine Sekunde. Naja, fast. Aber du verstehst, was ich sagen will? Es sind einfach zu viele Gedanken, als dass wir sie auch nur ansatzweise nach „positiv" und „negativ" filtern könnten. Zumal ja unser Unterbewusstsein die negativen Gedanken losschickt, um uns aus schlimmen Gefahren zu retten. Wenn wir die Signale aktiv überhören, werden sie nur immer lauter und heftiger. Sie rennen irgendwann die positiven Gedanken, die wir verzweifelt festhalten, einfach über den Haufen.

- Und noch eine Eigenart unseres Gehirns spielt uns da einen Streich: Das, was wir Vorstellungsgabe nennen. Die Fähigkeit des Gehirns, sich Szenarien auszumalen, die noch gar nicht passiert sind, ist erst vor rund 60 000 Jahren entstanden. Das unterscheidet uns übrigens von den Tieren, die sich zwar erinnern und auch träumen können, aber nicht „in die Zukunft fantasieren". Gemessen an unserer gesamten Entwicklungsgeschichte ist das ein sehr neues Werkzeug. Du musst dir das vorstellen wie bei einem erfahrenen Handwerker: Er verlässt sich lieber auf seine alten Werkzeuge, mit denen er jahrzehntelang seine Arbeit erfolgreich gemeistert hat, als so ein neumodisches Elektrogerät zu verwenden, das mitten in der Arbeit vielleicht den Geist aufgibt. Unser Gehirn „lernt" quasi noch immer, was es alles mit diesem neuen Werkzeug anfangen kann. Überlebensnotwendige Programme werden ihm aber noch nicht überlassen, das steuert noch immer der „Hammer" unter den Gehirnregionen, und das auch noch mit einem sehr rudimentären Betriebssystem.

- Das Vorstellungsvermögen, wenn es denn zum Zug kommt, sorgt zusätzlich für eine paradoxe Situation: Um uns etwas Positives vorzustellen, brauchen wir auch das Negative. „Licht" funktioniert als Konzept nur in Abgrenzung vom „Schatten", „hell" von „dunkel" und so weiter. Wir können also gar nicht ausschließlich in positiven Vorstellungen denken. Sobald wir uns ausmalen, was wir in einer bestimmten Situation lieber tun würden, entstehen automatisch auch die Bilder der negativen Situation vor unserem geistigen Auge. Und da unser Gehirn nicht zwischen tatsächlicher Erinnerung und kreativer Fantasie einer möglichen Zukunft unterscheiden kann, reagiert es auf diese Bilder mit - genau - Alarm und dem Schutzprogramm. Wenn du dir sagst: Ich möchte jetzt aber nicht an die Wespenplage denken, ist auf einmal die Vorstellung vom Grillfest bei Freunden voll von den lästigen kleinen „Biestern".

- Vielleicht sagst du jetzt: „Ich kann sehr wohl an schöne Landschaften oder das nächste Date mit der tollen Frau denken, ohne dass negative Gedanken dazwischenkommen." Und natürlich hast du Recht. So lange du entspannt bist, hast du die Kontrolle über dein gesamtes Vorstellungsvermögen. Aber wir reden ja gerade davon, negative Gedanken abschalten zu wollen. Also bestimmte Gedanken, die bereits da sind und nicht einfach so verschwinden wollen. Sie sorgen leider dafür, dass die Bereiche des Gehirns, die für rationales, logisches, kreatives und eben positives Denken verantwortlich sind, nur eingeschränkt oder gar nicht zur Verfügung stehen.

Um also von negativen zu positiven Gedanken zu kommen, brauchen wir einen Zwischenschritt: Wir müssen mentale Distanz zwischen den quälenden negativen Gedanken und unserem aktiven Bewusstsein schaffen. Wir müssen unsere Emotionen von den Vorstellungen lösen. Wie genau das gelingen kann, sage ich dir im nächsten Kapitel.

7
EINE REVOLUTIONÄRE ALTERNATIVE ZU „EINFACH POSITIV DENKEN"

„Mit Andacht lies, und dich wird jedes Buch erbauen; mit
Andacht schau, und du wirst lauter Wunder schauen; mit
Andacht sprich nur, und man hört dir zu andächtig; mit
Andacht bist du stark, und ohn' Andacht ohnmächtig."

— FRIEDRICH RÜCKERT

*D*as Wort „Andacht" wirkt etwas angestaubt und ist für die meisten Menschen eher religiös besetzt. Sie denken dabei an Gottesdienst, oder auch an Sätze wie „sie lauschten andächtig". Es wirkt zumindest nicht wie ein neues Konzept.

Nun, neu ist es auch nicht, aber unter dem englischen Namen „Mindfulness" in jüngerer Zeit wieder hoffähiger geworden. Und das auch zu Recht, wie ich finde. Denn dahinter steht ein unglaublich starkes Konzept, mit dessen Hilfe sich so manche Krise meistern lässt: Die Idee, sein Innerstes ohne Erwartungen und Wertung zu beobachten. Und damit meine ich natürlich nicht das, was ein Gerichtsmediziner zu sehen bekommt.

Der Begriff „Mindfulness" - oder wie es in einer neueren Übersetzung jetzt auf Deutsch übersetzt wird: „Achtsamkeit" - schreckt manche Menschen ab. Weil es mit einer bestimmten Szene in Verbindung gebracht wird, mit der manch einer ein wenig fremdelt. Vor dem geistigen Auge tauchen Jünger in exotischen Kostümen auf, die singend durch die Straßen ziehen, sowie Yoga-Zentren und Meditationskreise. Vor allem Männer tun sich damit etwas schwer.

Hier spreche ich aus eigener Erfahrung, denn mir ging es am Anfang genauso. Mich irgendwo still hinzusetzen und einfach nur meinem Atem zu lauschen - was sollte mir das bringen? Wie sollte das zur Lösung meiner vielen Probleme beitragen? Aber weil ich meiner Physiotherapeutin vertraute und ihre Ratschläge mich schon um viele gute Erfahrungen reicher gemacht hatten, ließ ich mich darauf ein. Und bin heute sehr froh darüber.

Ich versuche einmal, zu erklären, was sich aus meiner Sicht im Kern wirklich hinter der „Achtsamkeit" verbirgt. Die tatsächlich eine wahre Geheimwaffe im Kampf gegen negative Gedanken ist.

Wenn wir in so einer Phase gefangen sind, in der wir nicht aus den Grübeleien ausbrechen können, überlassen wir die Kontrolle über unser Leben uralten Instinkten. Die sind zwar dafür da, uns zu helfen, haben aber noch nichts vom 21. Jahrhundert und der Tatsache gehört, dass es keine Säbelzahntiger mehr gibt. Wir können ihnen das aber leider nicht sagen. Sie glauben nur das, was unsere Gedanken ihnen suggerieren und die erzählen ja gerade etwas von Stress und Gefahr und Angst und ...

Wie ich im letzten Kapitel ausgeführt habe, können wir genau diese Gedanken auch nicht einfach so stoppen. Uns einfach sagen: Ich denke da jetzt NICHT daran, geht nicht (wie war das noch gleich mit dem gelben Nilpferd mit rosa Punkten?). Im Zweifelsfall wird es dadurch nur noch schlimmer.

Sich zu verhalten wie ein kleines Kind, das sich die Ohren zuhält und laut lalalalaa ruft, weil es nicht hören möchte, wie die Mutter schimpft, ist auch nicht sehr effektiv. Und es würde zudem ziemlich eigenartig aussehen.

Nein, wir brauchen einen Schalter, mit dem wir das Gedankenkarussell zumindest lange genug stoppen können, bis der rationale Teil unseres Gehirns eine Chance hat, wieder die Kontrolle zu übernehmen. Die Übungen in Kapitel 5 gehen ja alle in diese Richtung. Aber sie brauchen auch alle Zeit. Und sie zielen darauf ab, langfristig die eigene Tendenz, sich in negativen Gedanken zu verlieren, loszuwerden.

Was aber, wenn man kurz vor einem wichtigen Gespräch oder einem Vortrag steht, die Nerven anfangen zu flattern und der Grübelexpress wieder Fahrt aufnimmt? Genau hier kommt jetzt besagte Achtsamkeit ins Spiel.

Achtsamkeit, wie es bei Meditation und Yoga unterrichtet wird, kennen die Inder schon seit vielen tausend Jahren. Es ist in der modernen Medizin auch schon lange unbestritten, dass es tatsächlich positive Auswirkungen zum Beispiel auf zu hohen Blutdruck und andere stressbedingte Erkrankungen hat.

Erst in jüngerer Zeit jedoch ist die Forschung dahintergekommen, warum das so ist. Da ich noch immer kein Arzt und kein Wissenschaftler bin, kann ich das jedoch nur sehr vereinfacht erklären. Um den Kontext zu verstehen, sollte dir das reichen.

ÜBER DAS BAUCHGEFÜHL ZUR LÖSUNG

Es hat alles mit unserem vegetativen Nervensystem zu tun. Dahinter verbirgt sich die Verbindung zwischen Gehirn und dem Darmnervensystem. Du hast sicher schon den Begriff gehört, dass jemand auf sein „Bauchgefühl" hört. Inzwischen weiß die Forschung, dass das nicht nur so eine Redensart ist - unser vegetatives Nervensystem ist viel mächtiger, als bisher angenommen.

Hier soll es jetzt aber nicht um Rezepte für mehr Darmgesundheit gehen, sondern um Achtsamkeit. Und die hat vor allem etwas mit zwei wichtigen Nerven aus dem oben genannten System zu tun: Dem Sympathikus und dem Parasympathikus.

Der Erstgenannte erhöht die Aktionsfähigkeit bei Gefahr (eben der Kampf- und Fluchtreflex), der Zweite aber macht das Gegenteil. Er beruhigt unser Gefahrensystem und sorgt dafür, dass alle Organe wieder ganz normal ihren Dienst tun können: Dass das Herz ruhiger schlägt, der Stoffwechsel normal funktioniert und die Muskeln sich entspannen können. Eben der rationale Teil unseres Gehirns wieder voll durchstarten kann.

Wie aber spricht man diesen Parasympathikus am allerbesten aktiv an? Genau! Durch ruhiges, langsames, konzentriertes Atmen! Und genau das ist der Kern dessen, was bei Meditation und Yoga gelehrt wird.

Wenn wir uns im Stress befinden, atmen wir meistens sehr flach, das Herz schlägt schneller und wir merken, wie die Muskeln sich verspannen.

Witziger Weise können wir genau diese Effekte auch nutzen, um unser Gehirn auszutricksen. Achte einmal auf deinen Gesichtsausdruck und deine Körperhaltung, wenn du dich gestresst fühlst. Hast du einen trockenen Mund? Runzelst du die Augenbrauen? Presst du deinen Kiefer zusammen? All das sind körperliche Reaktionen auf die Ausschüttung von Stresshormonen.

Wenn du nun ganz bewusst die Gesichtsmuskeln und den Kiefer entspannst, vielleicht sogar ein kleines Lächeln versuchst, die Schultern zurückziehst, dich aufrecht hinsetzt und an dein Lieblingsessen denkst, (oder einfach einen Kaugummi kaust) wirst du dich innerhalb weniger Momente deutlich besser fühlen. Der Gedanke an dein Lieblingsessen regt den Speichelfluss an. Durch die entspannte Körperhaltung wird deinem Gehirn suggeriert, dass du überhaupt nicht in Gefahr bist. Es fährt das automatische Gefahrprogramm herunter.

Ja, und dann kommt der wichtigste Teil. Bleib entspannt sitzen, zähle bis 7 und hole dabei Luft, ganz tief, am besten aus der Bauchatmung heraus, und atme dann bis 11 wieder kontrolliert und langsam aus. Hektische, flache Atmung spricht den Sympathikus an. Wenn du aber kontrolliert und vor allem länger ausals einatmest, sprichst du den Parasympathikus an. Das dauert ein wenig, daher solltest du das ungefähr zwei Minuten lang machen. Aber danach wirst du auf alle Fälle wieder „alle Sinne beieinander" haben und auch für schwierige Herausforderungen bereit sein.

Dahinter steckt das (bereits angesprochene) Konzept, dass wir nicht deckungsgleich mit unserem Verstand sind. Oder anders ausgedrückt: Unser Verstand ist ein weiterer Bestandteil von uns, ein Objekt von vielen in unserem Bewusstsein. Wie ein Schmetterling auf einer Blume oder der nagelneue Ferrari, der dir morgens im Verkehr auffällt.

Wir glauben nur immer, dass unsere Identität und unser Verstand gleichzusetzen sind, weil die Stimme, die wir in uns hören, sich so anhört wie wir selbst. Aber das ist nur ein Trick, eine Illusion, die unser Verstand nutzt. Wenn du dir das bewusst machst und einmal versuchst, deinen Verstand so zu beobachten wie du das mit dem Schmetterling auf der Blume machen würdest, praktizierst du Achtsamkeit.

Achtsamkeit ist also nicht mehr und nicht weniger als die Fähigkeit, in Zeiten von Stress mental einen Schritt zurück zu treten und sich bewusst zu machen, was da gerade passiert. Dich selbst zu beobachten:

- Was macht mein Herzschlag?
- Bin ich verspannt?
- Was genau denke ich gerade?
- Was will mein Verstand mir gerade sagen?
- Was fühle ich bei dem Gedanken?

Und das Ganze zunächst völlig frei von Wertung und von dem Wunsch, etwas daran zu ändern.

Der wichtigste Punkt hier ist wirklich zu erkennen, dass du nur bedingt Einfluss auf das hast, was dein Verstand die meiste Zeit macht. Aber du bist ihm auch nicht völlig hilflos ausgeliefert. Wenn du dir wirklich bewusst machst, was gerade passiert. Du kannst lernen, entspannter damit umzugehen und so indirekt die Prozesse auch wieder zu steuern.

Wenn du bei meinem Beispiel von vorhin (dem Vortrag) mit Gewalt versuchen würdest, dich „zusammenzureißen", dich über deine Nervosität einfach hinwegzusetzen, wirst du das möglicherweise schaffen. Es wird jedoch unglaublich viel Energie kosten und mit an Sicherheit grenzender Wahrscheinlichkeit auch nicht zu dem Resultat führen, zu dem du eigentlich in der Lage wärst. Dein Unterbewusstsein wähnt dich ja immer noch in Gefahr und wird nur mit mehr und mehr Stress darauf reagieren.

Wenn du aber stattdessen vor der Präsentation ein paar Minuten einplanst und an einem ruhigen Ort die Atemübung machst wirst du deutlich entspannter auftreten. Du wirst auch gleich viel souveräner wirken und auf die gesamte Kapazität deines Verstandes zugreifen können. Inklusive des Teils, der für kreative Lösungen zuständig ist. Das könnte dann hilfreich sein, wenn du spontan auf provokante Rückmeldungen reagieren musst.

Um es noch einmal zu wiederholen: Es sind schließlich deine eigenen Gedanken, die den Stress überhaupt erst auslösen. Dein Unterbewusstsein reagiert nur auf die Emotionen, die von deinen Befürchtungen getriggert werden. Wenn du dir schon tagelang ausmalst, wie du mitten im Vortrag den roten Faden verlierst, wird diese Vorstellung irgendwann so realistisch sein, dass dein Verstand gar nicht anders reagieren kann. Es bleibt ihm nur übrig, alles dafür zu tun, dass du angesichts dieser furchtbaren Gefahr so schnell und so weit wie möglich weglaufen kannst.

Jetzt fragst du vielleicht: „Warum soll ich es erst soweit kommen lassen?" Und damit hast du völlig Recht. Genau das ist Achtsamkeit. Wenn du in den Tagen vor dem Vortrag deine Anspannung bemerkst, ist das genau der Zeitpunkt, in dem du einmal in dich hineinhorchen solltest. Was genau geht in dir vor? Welche Gedanken ziehen dir durch den Kopf? Wovor genau fürchtest du dich?

Damit das klappt, brauchst du Ruhe. Egal, wo du gerade bist, wenn du den Stress aufkommen spürst: Suche einen ruhigen Ort. Das kann ein leeres Besprechungszimmer sein. Oder der Fernsehsessel zu Hause. Du brauchst nicht viel mehr als einfach etwas Ruhe. Und keine Angst, ich möchte dich jetzt nicht überreden, Yogaübungen zu machen, bei denen dein Chef dich überraschen könnte (auch wenn dies gar keine so schlechte Idee wäre. Yoga, meine ich, nicht den hereinplatzenden Chef).

Nein, meine Empfehlung ist, in Ruhe deine Gedanken zu erfassen. Beobachte, was passiert, aber greife nicht ein. Kommentiere die Gedanken nicht im Geiste, drück sie nicht weg und versuche nicht, sie zu ändern. Lass sie einfach nur kommen und hör genau hin, was sie dir sagen wollen.

Dabei wirst du mehrere Dinge beobachten. Erstens sind die Gedanken wie kleine Kinder, die dir unbedingt etwas erzählen wollen. Sie rufen so lange Papa, Papa, Papa... (oder natürlich Mama, Mama, Mama...) bis sie deine Aufmerksamkeit haben und ihre Geschichte loswerden. Danach wenden sie sich wieder dem zu, womit sie sich eigentlich beschäftigt haben. Bei Sorgen ist es ganz ähnlich. Sobald dein Verstand merkt, dass du ihm tatsächlich zuhörst, wird er ruhiger. Du kannst die Gedanken nach einem Moment der Beachtung und Beobachtung einfach wieder ziehen lassen.

Zweitens wirst du merken, dass du durch den Fokus auf die Gedanken selbst tatsächlich auch ruhiger wirst. Deine spürbare Nervosität lässt nach. Du erkennst ganz unbewusst, dass viele deiner Sorgen völlig unbegründet sind.

Das gilt zumindest für die allermeisten Fälle, in denen du einem normalen Maß an Anspannung und „Lampenfieber" ausgesetzt bist. Situationen, die anstrengend, aber nicht über Gebühr belastend sind.

DIE HÄRTEFÄLLE

Wenn du jedoch wirklich Angst vor etwas hast, egal, ob begründet oder weil du einfach eine tiefliegende Furcht vor genau der Situation hast (möglicherweise aufgrund schlechter Erfahrungen), reicht einfaches „Hinhören" natürlich nicht. Wenn du kein Blut sehen kannst, dein Kind sich aber verletzt hat und stark blutet, ist zusätzlich noch Zeitdruck mit im Spiel. Da wird es dir nicht helfen, dass dein Verstand Amok läuft und du ihm dabei zuhörst. Dir wird in dem Moment vermutlich gar nichts einfallen, außer starr stehen zu bleiben oder in wenig hilfreiche Hektik zu verfallen.

Dafür gibt es eine Achtsamkeit-Übung, die zum Beispiel auch Menschen nutzen, die unter Posttraumatischer Belastungsstörung (PTBS) leiden. Bei ihnen können bestimmte Situationen ganz plötzlich traumatische Erinnerungen wecken und zu echten Panikreaktionen führen.

Hier muss ich natürlich erklären, dass diese Übung, um die es gleich geht, weder eine Therapie ersetzt, noch PTBS heilen kann. Aber sie hilft in sehr stressigen, an Panik grenzenden Momenten, durchaus.

Schau dich dazu um und kommentiere innerlich alles, was dir in den Blick kommt, mit „Ich sehe". Wenn dir ein Geräusch auffällt, mit „Ich höre" und wenn du zum Beispiel mit dem Fuß gegen etwas stößt, denke dir „Ich fühle". Das muss so schnell wie möglich geschehen, sobald der Sinneseindruck von deinem Gehirn registriert wird. Wenige Sekunden reichen hier schon. Durch den Fokus auf deine Umwelt holst du dein Bewusstsein in die Gegenwart zurück und schaltest das Notfallprogramm deutlich herunter. Dein logisches Denken kann sich wieder melden. Und dir wird dann wenigstens einfallen, wie du deinem innerlichen Kind helfen kannst, auch wenn du selbst nicht zu erster Hilfe in der Lage bist.

Ja, auch das ist Achtsamkeit - dir bewusst zu machen, dass du im hier und jetzt nicht in Gefahr bist (es sei denn, du läufst wirklich vor einem Tiger davon). Dein Verstand nimmt die Welt durch tausende Filter wahr. Dazu gehören frühere Erfahrungen, die er mit bestimmten Emotionen in Verbindung bringt. Er wird diese immer dann aktivieren, wenn eine Situation an diese alte Erfahrung erinnert. Oder auch genetische Faktoren, soziale Normen und Prägungen durch dein Umfeld. Als Kind lernst du durch

Beobachtung der Welt um dich herum - und wiederholst ganz unbewusst später, was du glaubst, verstanden zu haben.

All das trägt dazu bei, wie du auf bestimmte Reize und Situationen reagierst. Das kann ein passender Weg sein, aber es ist mit Sicherheit nicht der einzige oder gar der beste Weg. Durch Achtsamkeit schaffst du es, vom Hauptdarsteller eines Dramas kurzzeitig zum Zuschauer zu werden. Nur so kannst du die ganze Szene erfassen und dir ein viel besseres Bild zu machen. Anschließend kannst du mit dem erweiterten Wissen die Rolle des Hauptdarstellers viel besser ausfüllen. Und vor allem viel entspannter.

8

BONUSKAPITEL: WARUM NEGATIVE GEDANKEN GUT SEIN KÖNNEN

„Wer zu wenig negativ denkt, wird auch kein Positiv entwickeln können."

— ERHARD BLANCK

So, nachdem ich jetzt viele Seiten lang darüber geschrieben habe, warum negative Gedanken schlecht für dich sind, breche ich ganz am Ende doch noch eine Lanze für unser leidiges Grübelkarussell. Denn nichts im Leben ist nur schwarz und weiß - auch nicht, wenn es um negative Gedanken geht.

Wenn du gerne kochst oder backst wirst du wissen, dass in viele süße Speisen auch eine Prise Salz kommt. Und in jedes salzige Gericht eine Prise Zucker. Fotografen wissen, dass helle, bunte Farben nur dann besonders strahlen, wenn es auch dunkle Bereiche auf dem Bild gibt, von denen sie sich absetzen können. Genau so verhält es sich mit unseren dunkleren, sorgenvollen und kritischen Gedanken. Wenn wir in der Lage sind, sie im Zaum zu halten, sind sie teilweise tatsächlich gut für uns. In ihrem Buch „die Macht der guten Gefühle" hat Barbara L. Fredrickson das sehr anschaulich formuliert. Sie beschreibt darin ein Segelboot, mit einem riesigen Mast und einem entsprechend großen Segel, sowie einem schweren Kiel unter der Wasseroberfläche. In ihrem Beispiel repräsentiert der Mast eine positive Grundhaltung im Leben, das Segel fängt die positiven Gedanken und Emotionen ein und treibt unser Schiff so voran im Meer des Lebens. Aber man braucht eben auch den Kiel, der bei ihr für negative Gefühle und Gedanken steht, um auf Kurs zu bleiben. Um das Schiff überhaupt steuern zu können. Dabei ist das Verhältnis wichtig. Beim Segelschiff ist der Mast 3 mal so groß wie der Kiel und so sollte es auch beim Verhältnis von positiven zu negativen Gedanken sein.

3 ÜBERRASCHENDE PLÄDOYERS ZUR VERTEIDIGUNG NEGATIVER GEDANKEN

Einmal angenommen, du stehst jeden Morgen in dem Bewusstsein auf, dass alles in deinem Leben perfekt läuft. Du bist mit deinem Job zufrieden, dein Einkommen reicht dir, du weißt alles, was du für deine Arbeit brauchst. Versteh mich nicht falsch - ich bin kein Freund von blindem Ehrgeiz. Zufriedenheit im Leben ist vermutlich die wichtigste Zutat für echtes Glück. Aber ohne ein Quäntchen Unzufriedenheit, eine Prise Ärger oder ein paar Sorgenfetzen würdest du vielleicht nie versuchen, dich weiterzuentwickeln. Neues zu lernen. Du würdest einfach stehen bleiben.

Wenn das jedem Menschen so ginge und immer schon gegangen wäre, hätten die ersten Höhlenmenschen nicht gelernt, das Feuer für sich zu nutzen. Dann hätten die Menschen nicht Räder erfunden, um schwere Dinge einfacher transportieren zu können. Und es gäbe kein elektrisches Licht, keine Telekommunikation und viele andere Dinge mehr, die unser Leben heute sicherer und deutlich einfacher machen. Es ist leider so: Aus Bequemlichkeit und Stillstand entsteht nichts Neues. Unser Geist ist darauf ausgelegt, kreativ zu sein. Die Vorstellungsgabe hätte unser Verstand nie entwickelt, wenn sie uns Menschen nicht tatsächlich auch dienen würde. Aber sie arbeitet vor allem dann am besten, wenn es Probleme zu lösen gilt.

Dazu kommt, dass wir Menschen gerade in Krisen viel über uns selbst lernen. Das nennt man Selbsterkenntnis und wie der alte Spruch so schön sagt, ist das der „erste Schritt zur Besserung".

Für mich zumindest ist das absolut wahr. Ich war vor dem Unfall ein ziemlicher Kotzbrocken - und ich bitte die zarter besaiteten Leser, den Kraftausdruck zu entschuldigen. Ich war mir dessen leider nicht bewusst. Ich habe tatsächlich immer daran geglaubt, das Beste für meine Familie und mich zu tun, als ich mich fast völlig in der Arbeit verausgabt hatte. Ich war gereizt, kurz angebunden und hatte viel zu wenig Zeit für die Belange meiner Töchter und meiner Frau, wenn die Hütte in der Firma mal wieder brannte. Nicht nur, dass ich wirklich Stress hatte. Nein, ich dachte, wie nichtig ihre Belange waren im Vergleich zu meinen wichtigen Aufgaben. Ich verstand nicht, warum sie nicht sahen, dass sie mich damit doch wirklich nicht behelligen sollten.

Auch am Tag des Unfalls selbst. Heute verstehe ich ja selbst nicht mehr, warum ich mich nicht mit meiner Frau über ihre wirklich gelungenen Fotos gefreut hatte. Ich wusste doch, wie sehr sie das Fotografieren liebte. Ich war auch mächtig stolz auf sie, als man ihr anbot, ihre Fotos im Rahmen einer Ausstellung einem breiteren Publikum vorzustellen. Aber habe ich es ihr jemals auch so gesagt? Nein. Denn tief in mir drin war das weiterhin nicht wirklich bedeutend. Ich hielt meine Arbeit für viel, viel wichtiger.

Wie in dem letzten Kapitel ausgeführt, sind es Ärger, Furcht und Schuldgefühle, um die sich unsere negativen Gedanken drehen. Und alle drei haben zum Ziel, uns bewusst zu machen, dass es in unserem Leben einen Schiefstand gibt. Dass wir Gefahr laufen, uns vereinnahmen zu lassen, unsere eigenen Grenzen nicht ausreichend schützen. Dass wir in Gefahr sind, uns eine zu schwierige Aufgabe aufzuhalsen. Oder dass wir vor lauter Stress und Hektik vielleicht die Menschen verletzt haben, die uns am nächsten stehen.

Doch dabei bleibt es nicht. Emotion kommt vom lateinischen „emovere", was so viel wie „emporwühlen" oder „herausbewegen" bedeutet. Schon die frühesten Wissenschaftler, die unsere Gefühlswelt erforschten, hatten damit erfasst, dass wir nicht zum Selbstzweck Gefühle entwickeln, sondern dass diese uns zu einer Verhaltensänderung bewegen wollen. Oder zumindest überhaupt dazu, aktiv zu werden. Ärger und Angst sorgen dafür, dass wir uns und unsere Familie ausreichend schützen. Und Schuldgefühle helfen uns, in einem sozialen Kontext hilfreiche Normen einzuhalten. Damit wir Teil einer Gruppe bleiben können, ohne die wir nicht (über-)lebensfähig wären.

DIE 60 SEKUNDEN-BEWERTUNG

Sollte dir das Buch gefallen haben, wäre ich (und die vielen anderen Menschen, die wie du, auch auf der Suche nach ein wenig mehr Glück im Leben sind) dir unendlich dankbar, wenn du dir ganz schnell 60 Sekunden Zeit nehmen würdest und eine kurze Bewertung auf Amazon hinterlässt.

Du hilfst dabei, mehr Menschen auf die positive Lebensweise aufmerksam zu machen. Wollen wir nicht alle mehr positive Menschen in unserem Umfeld?

Gib einfach den folgenden Link in die Adressleiste deines Browsers ein oder nimm dein Handy und halte die Fotokamera auf diesen QR-Code:

https://amazon.de/review/create-review?&asin=1955763046

Über den Link kommst du direkt zur Bewertungsseite.

Vielen Dank!

SCHLUSSWORT

„Gib jedem Tag die Chance, der schönste deines Lebens zu werden."

— MEISTER ECKHART

Damit kommen wir zum Ende dieses Buches, das mir ein echtes Herzensprojekt geworden ist. Ich hatte dir in der Einleitung versprochen, alles mit dir zu teilen, was ich aufgrund eigener Erfahrungen über die Macht meiner Gedanken gelernt habe. Wie stark negatives Denken unsere Lebensfreude hemmen und sogar unsere Gesundheit schädigen kann. Und wie leicht es sein kann, sich von solchen negativen Denkmustern zu lösen.

Es war eine spannende Reise über viele Stationen, in denen ich dargelegt habe, wie sehr das, was wir denken, unsere Realität beeinflussen kann.

Die wichtigsten Botschaften daraus, die ich dir ganz besonders ans Herz legen möchte, sind folgende:

- Dass wir jeden Tag zwischen 60 000 und 70 000 Gedanken verarbeiten, aber nur ein ganz kleiner Prozentsatz davon positiv ist.

- Da Gedanken aber beeinflussen, wie wir uns fühlen, können zu viele negative Gedanken dafür sorgen, dass es uns auch körperlich schlecht geht.

- Dass das Gedächtnis keine Filmbibliothek ist, in der wir Erlebnisse ablegen können, sondern sich Erinnerungen durch neue Erlebnisse und Gedanken sehr stark verändern können.

- Dass wir auf ganz unterschiedliche Weise negatives Denken pflegen, wie zum Beispiel Schwarz-Weiß-Denken, Extreme Verallgemeinerungen, Katastrophendenken und noch einige mehr.

- Dass diese Arten negativen Denkens tiefliegende Glaubenssätze in uns schaffen, derer wir uns jedoch nicht bewusst sind. Sie laufen wie eine heimliche Programmierung immer wieder ab und sorgen dafür, dass wir uns in bestimmten Situationen schlecht, angespannt oder ängstlich fühlen. Zum Beispiel sorgen sie dafür, dass wir eine gute Gelegenheit an uns vorbeiziehen lassen, weil sie uns suggerieren, dass wir das sowieso nicht können, nicht verdient haben oder wir uns damit blamieren würden.

- Die Glaubenssätze können aber aufgespürt werden, wenn wir unserem inneren Kritiker genau zuhören. Je besser wir verstehen, woher dieser Kritiker kommt und dass er vor allem selten recht hat, desto mehr können wir uns von ihm und den schädlichen negativen Glaubenssätzen lösen.

- Schwierige Emotionen haben einen Sinn – unser Unterbewusstsein möchte uns damit zu einer Handlung animieren, um einer drohenden Gefahr zu entkommen. Hilfsmittel wie der Gefühlskompass können uns dabei helfen, herauszufinden, was genau uns unser Unterbewusstsein sagen möchte.

- Auch wenn es gar nicht so schwierig ist, negative Denkmuster zu erkennen und abzustellen, kann man dabei auch Fehler machen. Die häufigsten dabei sind Ablenkung (mit Rauschmitteln, viel Arbeit, Dauerfernsehen), falscher Fokus (auf das Problem und nicht auf Lösungsansätze) und zwanghaftes positives Denken.

- Unser Verstand ist nicht deckungsgleich mit unserer Persönlichkeit. Es ist möglich, ihn wie ein Objekt zu beobachten und eine gewisse innere Distanz zu dieser gedankenproduzierenden Maschine zu schaffen. Diese Übung nennt sich Achtsamkeit und ist der Schlüssel dazu, dass du nicht von deinen Emotionen gesteuert wirst, sondern umgekehrt.

- Negative Gedanken sind aber nicht nur schlecht. In der richtigen Dosis und mit genügend Abstand genossen, sorgen sie dafür, dass wir sicher durch das Meer unseres Lebens navigieren und echte Gefahren rechtzeitig umschiffen können.

Alles, worüber ich geschrieben habe, ist mir selbst widerfahren. Ich habe alles am eigenen Leib gespürt und aufgrund der dramatischen Veränderungen in meinem Leben lernen müssen. Vielleicht ist nicht jede der genannten Übungen und Tipps etwas für dich. Das ist OK. Picke dir deine Favoriten heraus und verbessere damit deine Lebensqualität. Ich bin kein Arzt oder Therapeut. Schon gar nicht „allwissend".

Wenn du also in einer besonders schwierigen Lebenssituation bist, die dich überfordert, verlasse dich nicht alleine auf meine Ratschläge. Suche dir Hilfe bei Fachleuten, die sich damit auskennen. Das erfordert Mut, aber es ist möglicherweise das Wichtigste und Beste, das du jemals für dich selbst getan hast. Auch ich hatte Hilfe, während der schwierigsten Zeit. Heute bin ich unendlich dankbar dafür, dass meine jetzige Lebensgefährtin mir den Weg dorthin gewiesen hat.

Ich danke dir, dass du bis hierher aufmerksam dabeigeblieben bist und hoffe, dass du beim Lesen so viel Freude hattest, wie ich beim Schreiben.

In diesem Sinne…

Sei achtsam - und lasse deine Gedanken nie unbeaufsichtigt.

Dein Johannes

ÜBER DEN AUTOR

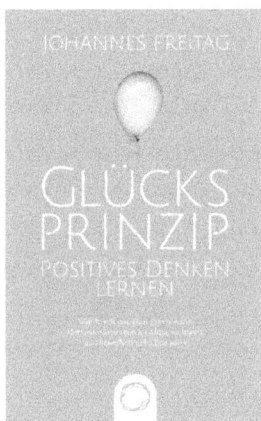

Glücksprinzip - Positives Denken lernen

Glücksprinzip - Vergangenheit loslassen

Weitere Informationen

Homepage:
www.johannes-freitag.de

Facebook:
www.facebook.com/jfautor

Amazon Autorenseite inklusive aller Bücher:
www.amazon.de/Johannes-Freitag/e/B08YMR6F3Y

Bei Fragen, Lob, Anregungen oder Verbesserungsvorschlägen
gerne unter folgender E-Mail-Adresse melden:
kontakt@johannes-freitag.de

DEIN KOSTENLOSES DANKBARKEITSTAGEBUCH

„NICHT DIE GLÜCKLICHEN SIND DANKBAR.
ES SIND DIE DANKBAREN, DIE GLÜCKLICH SIND!"
Francis Bacon

Nur ein paar Minuten täglich, für ein glücklicheres und erfolgreicheres Leben. Lade dir hier (als Gratis Bonus, exklusiv für Leser von Johannes Freitag's Büchern) dein KOSTENLOSES Dankbarkeitstagebuch herunter:

www.johannes-freitag.de/dankbarkeitstagebuch

Öffne ganz einfach deine Handkamera-App
und richte den Fokus auf den QR code

⬭ JOHANNES FREITAG

LITERATURVERZEICHNIS

Einleitung

„Wir sind auf Fehler fokussiert" – Nur ein Bruchteil unserer Gedanken ist positiv von Zeit online:

https://www.zeit.de/karriere/beruf/2015-08/positives-denken-karriere-job (Zugriff 16.07.2020)

Wie Gedanken unser Urteil verändern - Eine Studie zur Entschlüsselung emotionaler Phänomene von „Forschung und Lehre":

https://www.forschung-und-lehre.de/forschung/wie-gedanken-unser-urteil-veraendern-1794/ (Zugriff 16.07.2020)

„Du musst nur positiv denken". Ein Artikel zum Einfluss von Gedanken auf körperliche Erkrankungen, erschienen in der Kölnischen Rundschau:

https://www.rundschau-online.de/ratgeber/gesundheit/-du-musst-nur-positiv-denken--ist-gesundheit-wirklich-kopfsache--33445946 (Zugriff 16.07.2020)

Kapitel 1: Das Einmaleins der Gedanken

Ein Artikel zur Natur der Gedanken, erschienen in „Wissenschaft im Dialog":

https://www.wissenschaft-im-dialog.de/projekte/wieso/artikel/beitrag/woraus-bestehen-gedanken/ (Zugriff 16.07.2020)

Ist unser Wille wirklich frei?

https://www.deutschlandfunk.de/hirnforschung-wissen-wir-was-wir-wollen.676.de.html?dram:article_id=339873   (Zugriff 16.07.2020)

Zahllose Gedanken jeden Tag – und die meisten sind negativ:

https://www.manifestation-boost.de/70000-gedanken-pro-tag-wie-wirken-sie-sich-aus/ (Zugriff 16.07.2020)

Planet Wissen – wie das Gedächtnis aus Erfahrungen Lebensgeschichten macht:

https://www.planet-wissen.de/natur/forschung/gedaechtnis/index.html (Zugriff 16.07.2020)

Kapitel 2: Wieso du deine Gedanken niemals unbeaufsichtigt lassen solltest

Wie Gedanken und Gefühle sich gegenseitig beeinflussen:

https://www.psychotipps.com/gefuehle-gedanken.html

https://www.psychotipps.com/gedanken-gefuehle.html   (Zugriff 16.07.2020)

Kapitel 3: Die 6 häufigsten Arten negativen Denkens

Woran man negatives Denken erkennt:

https://www.psychotipps.com/negatives-denken.html (Zugriff 16.07.2020)

Wenn man stets mit der nächsten Katastrophe rechnet:

https://gedankenwelt.de/katastrophendenken-oder-die-angst-vorm-leben/ (Zugriff 16.07.2020)

Wie unser Denken Angst auslösen kann:

https://www.angst-panik-hilfe.de/angst-und-denken.html (Zugriff 16.07.2020)

Warum es nicht funktioniert, negative Gedanken einfach nur zu unterdrücken:

https://bossimkopf.de/wenn-sie-zwanghafte-oder-negative-gedanken-unterdrucken-werden-sie-haufig-noch-starke (Zugriff 16.07.2020)

Kapitel 4: Woher kommt der Kritiker in uns?

Ursachen der kritischen inneren Stimme:

https://www.frisches-denken.de/negative-gedanken/(Zugriff 16.07.2020)

So bezwingst du den Feind in deinem Kopf:

https://www.gluecksdetektiv.de/innere-kritiker/

https://www.vfp.de/verband/verbandszeitschrift/alle-ausgaben/
86-heft-06-2018/1249-der-innere-kritiker-was-tun-wenn-er-zu-
stark-wird.html (Zugriff 16.07.2020)

Kapitel 5: Der Ausstieg aus dem negativen Gedankenkarussell - 10 effektive Methoden

Gedanken aufschreiben:

https://www.frisches-denken.de/negative-gedanken/   (Zugriff
16.07.2020)

Gefühlskompass (verschiedene Varianten):

https://www.psychotipps.com/gefuehle-gedanken.html

https://www.simplify.de/sie-selbst/sinn-des-lebens/artikel/sinn-
des-lebens-der-gefuehls-kompass/

https://www.coaching-magazin.de/tools-methoden/der-gefuehls-
kompass

https://www.babelli.de/gefuehlskompass-fuer-eltern/   (Zugriff
16.07.2020)

Gefühls-ABC notieren:

https://www.angst-panik-hilfe.de/negative-gedanken-
aendern.html (Zugriff 16.07.2020)

Goldene Liste:

https://www.laif900balance.de/ratgeber/positiv-denken/   (Zugriff
16.07.2020)

Die magischen vier Fragen:

https://happydings.net/so-kannst-du-negative-gruebel-gedanken-
loswerden-einfache-methode-und-buchtipp/   (Zugriff:
16.07.2020)

Die Umkehrübung:

https://happydings.net/so-kannst-du-negative-gruebel-gedanken-
loswerden-einfache-methode-und-buchtipp/   (Zugriff:
16.07.2020)

Reality-Check:

https://www.frisches-denken.de/negative-gedanken/   (Zugriff:
16.07.2020)

Positive Affirmationen:

https://www.ohrinsel.net/single-post/Negative-Glaubenss%C3%
A4tze-in-Positive-Affirmationen-umwandeln

https://www.affirmotionen.de/affirmotionen-f%C3%BCr/liebe-
erfolg/35-affirmationen-die-dein-leben-ver%C3%A4ndern-
werden/ (Zugriff 16.07.2020)

**Kapitel 6: Die 3 fatalsten Fehler bei der Bekämpfung von
negativen Gedanken**

Fehler beim Umgang mit negativen Gedanken:

https://www.frisches-denken.de/negative-gedanken/
#Die_2_fatalsten_Fehler_im_Umgang_mit_negativen_Gedanken
(Zugriff 16.07.2020)

Warum man negative Gedanken nicht auf Knopfdruck loswerden kann:

https://anchukoegl.com/negative-gedanken/ (Zugriff 16.07.2020)

Kapitel 7: Eine revolutionäre Alternative zu „einfach positiv denken"

Wie man negative Gedanken ganz einfach wahrnehmen kann:

https://dubistgenug.de/positive-gedanken/
#Was_dein_Verstand_mit_einer_Fliege_an_der_Wand_gemeinsa
m_hat (Zugriff 16.07.2020)

Mit einem starken Selbstbewusstsein gegen das Gedankenkarussell:

https://www.selbstbewusstsein-staerken.net/negative-gedanken/
(Zugriff 16.07.2020)

Geführte Meditation gegen negative Gedanken:

https://www.youtube.com/watch?v=G6je6L5uEzA   (Zugriff
16.07.2020)

Einfache Achtsamkeitsübungen für jeden Tag:

https://dfme-achtsamkeit.de/achtsamkeitsuebungen-alltag/

https://www.frisches-denken.de/stressfrei-durch-
achtsamkeitsuebungen/ (Zugriff 16.07.2020)

Bonus Kapitel 8: Warum negative Gedanken gut sein können

Negative Gedanken sind manchmal hilfreich:

http://roadheart.com/negative-gedanken/ (Zugriff: 16.07.2020)

Barbara L. Fredrickson: Die Macht der guten Gefühle (Campus Verlag, 2011, s. 168ff)

Impressum:

Herausgeber:

Orange Orchard LLC

30 N Gould St Ste R

Sheridan, WY 82801

USA

1. Auflage

Rechtlicher Hinweis:

Wir weisen darauf hin, dass wir keinerlei Therapieberatung erbringen. Die geschilderten Methoden und Schilderungen wurden teilweise zur besseren Verständlichkeit und Veranschaulichung vereinfacht dargestellt. Alle von uns erteilten Ratschläge fußen ausschließlich auf persönlicher Erfahrung und Meinung. Auch, wenn wir jede Empfehlung mit größtmöglicher Sorgfalt und umfangreicher Recherche entwickelt und fortlaufend kritisch hinterfragt haben, können wir hierfür keinerlei Gewähr bieten. Gleiches gilt auch für die Vollständigkeit und Richtigkeit der dargestellten Inhalte. Die erteilten Ratschläge können ferner auch keine fundierte und auf den individuellen Einzelfall zugeschnittene Beratung ersetzen. Wir können daher weder eine Erfolgsgarantie, noch eine Haftung für eventuelle Folgen ihrer Anwendung übernehmen.

Lightning Source UK Ltd.
Milton Keynes UK
UKHW012149101221
395468UK00002B/112